加速化依存症

疾走／焦燥／不安の社会学

ましこ・ひでのり

三元社

加速化依存症
疾走／焦燥／不安の社会学

目次

凡例≒構成と注意　7

はじめに　9

1章　加速化のとまらない現代　11
　1-1　高速移動と情報化社会のもたらしたもの　12
　1-2　「時間泥棒」はどこにいる？　24
　1-3　加速化社会のもたらした「ヒマ」　32
　1-4　死ととなりあわせの超合理化圧力　36

2章　おおきく、おもたく、永続しようとする存在から、ちいさく、かるく、流動消失しようとする存在へ　39
　2-1　軽薄短小で流動化した社会　40
　2-2　インターネット時代の含意　45
　2-3　コンピューターによる労働力の不要化　50
　2-4　マクドナルド化の普遍化　56
　2-5　誇示される時間的ユトリと格差社会　60

3章　「待子サン」たちの時間：加速化のなかのジェンダー変容　63
　3-1　「常時臨戦的待機モード」というポジション　64
　3-2　主婦層＝有閑層という敵視・非難　68

4章 「おれさま」意識（ジャイアニズム）と、「せかす」圧力 83

- 4-1 道路網の実質「自動車専用道」化にみる「先着順」競争の欺瞞性・偽善性 84
- 4-2 被害者意識としての被阻止感の心理メカニズム：圧迫感と省時間意識 91
  - 4-2-1 「人生のインフレ」がもたらす「充実度競争」のひろがりと心理的圧迫 91
  - 4-2-2 「ながら」「ザッピング」「マルチタスキング」「はやおくり」 92
  - 4-2-3 「多忙依存症」の伝染 93
  - 4-2-4 「ときはカネなり」意識の自己目的化＝倒錯性 94
  - 4-2-5 「せかす」圧力につきうごかされる心理メカニズム 97
  - 4-2-6 「時間世界の平準化」 98
  - 4-2-7 「孤独なランナー」たちの焦燥感と「でおくれた感」 102
  - 4-2-8 「カラダが資本」意識と「リラクゼーション産業」 106

5章 スピード感への耽溺現象の人類学 111

- 5-1 疾走がもたらす興奮の誘因 112
- 5-2 前方からの圧迫感 115
- 5-3 「おもたい」という心理メカニズム 115
- 5-4 「輸送力」幻想のひろがり 117

6章 「ユックリズム」の含意とゆくえ 121

- 6-1 家電製品など利便性の実現 122
- 6-2 加速化社会の反動としての減速志向 125
- 6-3 「修行」としての清掃活動 128

6-4　「修行（？）」としての禁固刑　134
　6-5　「リゾート」志向の心理メカニズム　136
　6-6　アニメ『サザエさん』のマンネリズムの含意　138

7章　つかいきれない速度：大量生産・高速輸送がもたらす飽和と
　　　大量廃棄　141

　7-1　技術革新がもたらした過剰生産・市場飽和　142
　7-2　「未消化」のままふえつづける商品　146

8章　人材のマクドナルド化：新兵補充と「リストラ」　151

　8-1　「人材」「有用動物」の過剰生産と大量廃棄　152
　8-2　ひとづくりの、ムリ・ムダ・ムラ　154
　8-3　コンピューター化社会が加速した「人材」のマクドナルド化　157
　8-4　ひとづくりのマクドナルド化　158

9章　「自然」とマクドナルド化など加速化社会　163

おわりに　加速化をやめようとしない社会とその限界　169

参考文献　182
索　引　187

凡例≒構成と注意
<small>はんれー</small>

1. 基本的には、訓よみをさけています。表記上のユレを最小限にするためです。「わかちがき」を断念したので、よみづらくないよう一部漢字変換してあります。
2. 引用箇所は「　」でくくられ、そのあとには、たとえば（クライン＝平野訳, 2009：105-7）のようなかたちで典拠さきの文献情報がかかれます。このばあい、「クラインという人物がかいた本や論文を、平野さんという人物が日本語訳し、それが2009年に日本で刊行された。引用箇所は、105〜7ページである」とよみとってください。

    直前の文献をまた引用・参照したばあいは、（同上：234）などとかきます。このばあいは、「うえとおなじ本の234ページにかいてある」と解釈してください。
3. 文献情報は、巻末の【参考文献】にあります。家族名による50音順配列です。カタカナ人名も、家族名を先頭に、個人名をあとにまわしています。ミドルネームはイニシャルのときもあります。
4. 引用文献の大半は日本人の著作ですが、日本人名の家族名表記は漢字が普通であり、とてもよみづらいのが難点です。そのため、たとえば、文中での典拠文献は、（あらい 2010:11-20）などと、家族名をかながきしてあります。巻末の【参考文献】の「あらい」をさがすと、2010年発行の文献は「あらい・のりこ（新井紀子），2010,『コンピューターが仕事を奪う』日本経済新聞社出版」らしいことがわかります。これは、「新井紀子さんという人物がかいた『コンピューターが仕事を奪う』というタイトルの本を日本経済新聞社出版が2010年にだした」と、理解してください。

    図書館などで、本当にそんなことがかいてあるのか、実際にたしかめるときにつかいます。
5. 引用箇所で（ママ）とあったら、原文がそうかかれているけど、誤記だとおもう、という意味です。
6. （△▼△▼：引用者注）とあったら、原文の誤記／不足を訂正／補足したということを意味します。
7. 脚注は、敬体ではなく、常体でとおします。人名も敬称略になります。
8. ルビは、表音主義（たとえば｜ひょーおんしゅぎ）が原則です。

……冷戦の終了によって生まれた新しい時代には、彼が憂慮していた軍拡競争は終ったが、富裕層や企業に有利な税制改正によって貧富の差は広がり、社会一般の考え方も保守化した。こうした傾向は彼の期待と希望を大きく裏切るものであった。ガルブレイスは、社会がゆたかになれば、余裕ができるわけだから、人はあくせくする必要がそれだけ少なくなり、また、ゆたかさの恩恵にあずかれない人のためにできることも当然多くなるだろう、と考えていたのであるが、現実の成り行きはそうならなかったのである。ゆたかな社会は保守主義を生み出す、ということに思い至ったとき、彼は大きな衝撃と失望を感じたに違いない。
　それにもかかわらず、この改訂版の序文を読むと、ガルブレイスは、彼の基本的な考えに関するかぎり、最後まで信念を持ち続けていたようである。……『ゆたかな社会』が提起した問題、特に、そもそも経済成長とは何のためなのか、という問題は、環境問題とも関連して、現代社会の根本にかかわるパズルであり続けるであろう。

　　　　　鈴木哲太郎「訳者あとがき」(ガルブレイス＝鈴木訳，2006：429)

はじめに

　本書の主要部分は、社会学周辺のモデルをつかって、社会現象としての「はやさ」「あわただしさ」「加速化」などの現代的意味を検討する作業についやされています。

　物理学の世界では「速度」というのは、かなり微妙な問題なのでしょうが、そういったむずかしい次元はもちろんあつかいません。ここでは、社会現象としての「速度」「加速度」をとりあげ、ヒト／動物／機器などにかかわる「はやさ」とその変化の意味が中心的話題となります。近現代を対象化する社会学周辺のモデルをつかうため、基本的には19世紀以降、おもには20世紀後半以降をあつかうことになるでしょう。「はやさ」をとりあげるのは、単に、「速度＝距離÷時間」、さらに「加速度＝速度÷時間」という単純な関係性がはらむ社会学的含意をさぐろうというものです。社会的分布・距離をとりあげてきた地理学や、「時間の社会学」とか「空間論的転回」といった蓄積の延長ではありません。近現代という社会変動空間をつらぬく本質の主要な要素が、自由と大量生産と加速化であるとかんがえるからで、今回は「自由と大量生産」を基盤からささえる「加速化」を軸にすえました。「加速化」によって社会全域が「流動化」するだろう。そこで近代以前と断絶があるし、近代初期ともちがうだろう、というみとおしです。

　「はやさ」ないし「あわただしさ」をとりあげるのは、「技術革新・システム進化などによって加速化することで、社会全域が効率化し、ユトリがうまれたようにみえないのはなぜか？」というソボクな疑問からです。「加速化」によって時間短縮と省力化が達成で

きたなら、社会は便利になり、ラクに、そして物理的・心理的なユトリがもたらされるはずです。しかし、よのなか「ゆとり世代」といった、失礼な世代論などは流行しても、とても社会全域がのんびりしたようにはおもえない。むしろ、ますます「あわただしい」日常がとりまいてみえる。この、よくかんがえたら異様な珍現象を理解したいと。

　この「はやさ」と「あわただしさ」を解明することが、現代社会の動向と本質を理解するうえで、カギになるのではというのが、本書でとりあげる「仮説」です。もちろん、巨大な問題なので、証拠をあげて「論証」できるとはおもえませんが、どの程度妥当性がありそうかは、ざっとよんでから、おかんがえください。

2013年9月26日
『戯曲 人類館』などをのこした知念正真氏昨日死去の報にふれて

1章
加速化のとまらない現代

本章のあらまし

現代社会は、近代ヨーロッパで展開した科学技術革命の直系として、輸送や情報伝達上の超高速化社会を実現した。ネット空間などにおいては、あたかも各地点間の距離が消失したかのようである。物理的輸送も超高速化し、ヒト／モノは大量高速移動することがあたりまえになった。こうした超高速空間は、超効率的＝合理的時空であり、利便性の面では「魔法」のような現実が実現していることを意味する。物理的には、空前の幸福がもたらされているはずであり、時間的ユトリが発生していることになる。実際、一部の市民にとっては空前の余暇社会が現実化している。その一方で、奇妙な現実が進行中である。輸送・伝送や加工などで、てまひまかける必要がなくなり、巨大な余暇空間がひろまる一方で、市民はますます「省時間」をめざしている。労働者などを中心に過労死する層など課題処理の加速化が過酷化している。加速化には「はどめ」がないかのようである。「時間泥棒」に時間をうばわれているように、ひとびとは感じているし、「空白」を強迫神経症的にうめようと、人生の濃度を究極まであげようと奔走する。巨大なヒマと、過酷な多忙と、神経症的な加速化志向……。死ととなりあわせのマルチタスキングや誇示的で神経症的過剰消費など、21世紀の経済先進地域をいきる市民たちの人生の諸相は、異様な実態というほかない。

1-1
高速移動と情報化社会のもたらしたこと

　たとえばわれわれがいきる現代社会。それが、近代以前はもちろん、近代社会の初期とも異質だといわれる理由のねっこは、のちにくわしくのべるとおり、輸送手段の高速化・大衆化でしょう。

　輸送速度がたかまり時間短縮化がすすむことで、物理的距離があたかも縮小したかのような効果がうまれたこと。ヒト／モノの直接輸送のかわりに、その情報が大量に高速でつたえられるようになったこと。それらが、ヒト／モノそれ自体のありがたみをへらした点。それが、現代社会の特徴、いえ、空前の独自性です。

　結論を乱暴にさきどりするなら、現代社会とは、ヒト／モノ／情報の輸送手段の高速化＝所要時間の短縮が、物理的距離の意味を急速にちいさくし、日常生活はもちろん人生の意味さえも変質させている時空だと。

　こまかいことをぬきにすれば、太陽系のなかの地球の公転や自転はほとんど不変です[1]。でも、現代人は、ヒト／モノ／情報をはこぶ科学技術を前代未聞の次元ですすめてしまいました。科学者・技術者・企業家はもちろん、利用者・消費者のほとんども、それを「進歩」「到達」とだけうけとめ、地球の公転・自転のような「不動」

---

[1] 厳密にいえば、大気と地表面・海面との摩擦、潮汐にともなう海水・海底間での摩擦などの影響で自転速度が変化する。原子時計とのズレを解消するために「うるう秒」をはさみこむのは、そのせいだ（「2-3-4-3 自転速度の変化」『CD-ROM 測地学テキスト WEB 版』日本測地学会，2004 年）。しかし、「うるう秒」が過去 40 年間で 25 回しか追加されていないことをみてもわかるとおり、一般人には不動といっていい、年月日の進行といえるだろう。

の原理とは別次元に急速に進展中の「人間業(わざ)」の変容をうけとめかねています。環境破壊ぐらいは、「すこしまずいかな」とおもいつつも、大半は、「速度」上昇／時間短縮が何を意味しているのか、思考停止しているのです。

　ファンタジー作家で思想家でもあったミヒャエル・エンデが、おとなのためにかいた童話『モモ』。かれがえがいた時間どろぼうである「灰色の男たち」とは、実は「ときはカネなり」イデオロギー（資本主義）に毒された世間、いや、わたしたち自身のことだったといえます。ヒロインのモモによって、「灰色の男たち」はきえさり、ひとびとは魔の手からすくわれるというおはなしですが、エンデがいいたかったのは、「灰色の男たち」が、実は現代人のこころのなかにしのびこんだ幻想を擬人化したものだったということでしょう。

　あるいは、おなじくドイツの現代作家シュテファン・クラインの作品『もっと時間があったなら！』。心理学的解明として時間感覚の生理学的機構と主観的な時間認識の哲学的含意をときあかし、くわえて加速化・刺激化する近現代という社会的要因をまじえて古今東西を比較しました。エンデのようには、資本主義的生産様式の心理面への影響をほとんど考慮していません。しかし、大量の刺激のシャワーに混乱して優先順位をみうしない、結局集中力をうしなっていくわたしたちの日常。いそげばいそぐほど、ますます「時間がない」状態におちいる悪循環＝自縄自縛(じじょうじばく)的構図という、クラインのまとめ。それは、エンデが風刺・批判した「時間貯蓄銀行」という資本主義的幻想の詐欺的カラクリとは矛盾しません。「時間がない」状態にみずからおちこんでいくわれわれこそ、「灰色の男たち」がしのびこんだ状況なのですから。ともあれクラインによれば、ゲーテ（1749-1832）は晩年、ドイツ社会がせわしくなったとなげいたそうです。

「いまは何もかもが過激です。若者は（……）時間の渦にさらされています。世間が感嘆し、誰もが追い求めるもの、それは富とスピードです。できるだけ手軽な通信をと、教養ある人々が競い合っているのです」

　……友人の作曲家ツェルターにあてた手紙で、ゲーテは「鉄道、速達、蒸気船」についても苦言を呈している。1825年のことだ。

　その頃を思えば、旅行も手紙のやりとりも信じられないほど速くなった。たとえばワイマルからベルリンのツェルターにあてた手紙は、当時一週間以上かかってようやく着いたが、今日ならメールであっという間だ。イタリアへも数時間あれば行ける。ゲーテのいたワイマルにさえ、ICE（超特急）が停まる。

　ゲーテが時間の速さを嘆いているくらいなのだから、当然のこと私たちにもその権利があるのではないだろうか。いずれにせよ、ゲーテは現代のドイツ人の気持を代弁している。ドイツ人の67％は、ストレスを引き起こす最大の原因は「たえまない忙しさと不安」にあると感じている。近年、生活のスピードがいかに速くなったか、それは、日常生活のちょっとした事柄でよく分かる。コピー機は1分間で30枚コピーでき、インターネットのプロバイダーは、ほかより十分の数秒速いといって客を呼びこもうとする。セルフサービスのカフェでは、温かい飲み物を歩きながら飲むよう勧めている。……

　少し前の映画を見ると、時間に対する私たちの感覚が変わったことに気づく。S・キューブリックによるSFの古典『2001年宇宙の旅』のあの有名なシーンは、当時（1968年）の観客にとってついていくのがやっとの速さだった。だが、いまの私たちにとって、クラシック音楽に合わせて宇宙船が漂うシーンはもはやテンポが遅すぎる。……30年前に撮影されたドイツのテレビシリーズ『宇宙巡視船オリオン』が、2003年にあらたに編集されたとき、

制作者はオリオンがホームベースから浮上するスピードを倍近く速めたが、ファンはほとんど気がつかなかった。いつの間にか私たちは、以前より速いテンポをふつうだと思うようになっているのだ。　　　　　　　　　　　　　（クライン＝平野訳，2009：105-7）

　やはり、技術革新のただなかにいるわれわれの「加速化」と感覚マヒは、想像を絶しているようです。
　このへんのカラクリについて、社会学者たちは、世紀末を意識してか1990年代にいくつもの議論を蓄積しています。たとえば都市社会学者の若林幹夫さんは、「都市の独立性」がうしなわれていくプロセスを解析するなかで、鉄道・自動車、電信・電話など高速化した交通・通信メディアが「時間と空間の抹殺」をひきおこしたのだとのべました（わかばやし1996：92-3）。時間空間がそれら科学技術によって「抹殺」されたのかといえば、そうではないでしょう。でも、19-20世紀の技術革新が、それ以前の時代とは異質な「時間と空間」へと変質したことだけは事実です。そして、それは、波状的に何段階かの「革命」をつみかさせて進展してきました。
　近代の本格的な輸送革命第一弾は、蒸気機関車であり、最初の通信＝情報革命は電信[2]だったとおもわれます。これらには、近代以

---

[2]　複数の論者が着目するとおり、ヒト／モノの移動時間を驚異的に短縮した画期的装置は「鉄道」であり、情報の伝達時間を驚異的に短縮した画期的装置は「電信」だったようだ。また、電信は、鉄道網の円滑な運営のための通信手段として鉄道路線に付随して普及したのだそうだ（シヴェルブシュ＝加藤訳，1982＝2011）。
　イギリスの作家オルダス・ハクスリー（1894-1963）は「我々にとって、「午前8時17分」という一瞬には意味がある。この時刻が毎日の電車の発車時刻だとしたらとても重要だ。我々の先祖にとってはこんな、キリが悪くて中途半端な瞬間などそれほど大切ではなかっただろうし、そんな概念自

前ないし近代初期に、前身がありました。蒸気機関車のまえには馬車鉄道がかなりの輸送力をしめしていましたし、電信のまえには、フランスでの「腕木通信」(semaphore, optical telegraphy)や大坂堂島会所の米相場を西日本各地に高速伝達した「旗振り通信」(しばた 2006)が高速通信を実現していました。

近代日本のばあい、1882年最初の馬車鉄道として運行を開始した東京馬車鉄道は1903年に電化され、東京電車鉄道となったとか、各地にひろがった路線も蒸気機関車鉄道にとってかわられましたが、欧米では、蒸気機関車鉄道よりも馬車鉄道時代の方がながくつづいたそうです。また日本列島や沖縄島でも、1913年のばあい全国に客車536両で乗客920万人強、貨車578両で貨物量約230万トンというのですから、かなりの輸送量をほこったわけです[3]。

腕木通信は「フランス国内を縦断する550kmのルートを通じ、8分間で情報伝達することを可能にした」、そして「最盛期には世界中で総延長1万4,000kmにも達した」そうです[4]。

体がなかっただろう。ワットとスティーブンソンは、機関車の発明を通して時間の発明にも寄与したのだ」とかたったそうだ(**ウィキペディア**「**ジェームズ・ワット**」)。

3　**ウィキペディア**「**馬車鉄道**」。

4　腕木通信は、フランス革命期に発明され「より迅速性と確実性に富んだ、モールス信号を利用した有線電信の登場により、1840年代以降は先進国から急速に衰退した」とのこと(**ウィキペディア**「**腕木通信**」)。

一方、旗振り通信は18世紀なかごろに実用化し、おなじく米相場をつたえるために疾走した「米飛脚」保護のために幕府が禁止しつつも、それを回避して発達した。みとおしさえよければ、「大阪から和歌山まで十三峠経由で3分、天保山経由で6分、京都まで4分、大津まで5分、神戸まで3分ないし5分または7分、桑名まで10分、三木まで10分、岡山まで15分、広島まで27分で通信できた」(**ウィキペディア**「**旗振り通信**」)

しかし、蒸気機関車や電信の輸送力・伝達効率は、それらをはるかにしのぐものでした。たとえば北米のばあい「1900年代初頭には、鉄道の路線はシカゴを拠点として車輪のスポークのように四方八方へと延び、駅馬車時代には三週間かかっていたニューヨークからシカゴまでの移動は二日へと短縮」(ダビドゥ＝酒井訳, 2012：22) されました。1930年代には標準軌で営業列車の平均速度を100km超とするなど（ウィキペディア「高速鉄道の最高速度記録の歴史」）、「馬力」とはケタちがいの速度と耐荷重をうちだしました。さらに蒸気機関車は電気機関車へとひきつがれ、20世紀後半には時速200km超を平常運転として長距離走行できる高速鉄道が誕生したのです（最高時速500km超）。

　電信は海底ケーブルがドーバー海峡間（1851年）、さらに大西洋横断間（1866年）をむすぶなど[5]、陸路をリレー式で視覚情報をつたえるといったことが不可能な空間をつなぎました。しかも電送は秒速3万kmですから、瞬時に、モースコード（Morse Code）で大量の言語情報をつたえることができたのです。モヤがでたりして通信不能になるといった視覚情報リレーの不安定性もありません。そ

とか、江戸までは箱根を超える飛脚の輸送時間こみで8時間 (同上) といった驚異的な速度をもっていたようだ。「1865年（慶応元年9月）、イギリス・フランス・オランダの軍艦が兵庫沖に現れた際に旗振り通信によって速報がされたのをきっかけに禁止令は解かれ」「以降旗振り通信は盛んに行われ、明治には政府公認の仕事となり、相場師、めがね屋などと呼ばれた」「1893年(明治26年)3月に大阪に電話が開通すると次第に電話にとって代わられ」「1918年（大正7年）に完全に廃れた」と (同上。詳細は [しばた2006])。19世紀なかばに欧州ですでに時代おくれになった「腕木通信」を日本列島は導入することなく、「旗振り通信」網から電信・電話網へと一気に転換したということになる。

[5] 　ウィキペディア「海底ケーブル」および「大西洋横断電信ケーブル」。

して、これら遠距離通信技術は、すぐさま電波式へ、さらには音声自体を電送するシステムへと展開していきました。その延長線上にラジオ放送やテレビ放送、あるいは20世紀後半の衛星中継などがあることは、いうまでもありません。数秒の時間差はあれども、動画の世界中への準同時中継が可能になりました。

　蒸気機関車鉄道と電信は、こういった意味で、まさに最初の画期的な輸送・伝達革命でした。その後の技術革新は、みなさん、おわかりですね。輸送手段としては、自動車・蒸気船・航空機など、化石燃料をもやして駆動エネルギーとするシステムが発明・実用化され、巨大化・高速化してきました。鉄道のように、移動ルートが固定化されているのではなく、整備された道路網上なら縦横無尽だし、馬車・帆船・気球などとはちがって、はこべる人・物の量はもちろん、速度・巡航距離ともに、ケタちがいの輸送力をほこるようになりました。速度という次元では航空機が、大量輸送という次元では大型船舶が、プライバシーやフレキシビリティなど「個人的自由」という次元では自動車が、20世紀中盤にはその現代的様相の「到達点」を明示したといえそうです。タンカー等、巨大輸送船による鉄鉱石など原料や原油・液化天然ガスなど化石燃料の大量移動も、パイプラインによる輸送とならぶ「高速」化かもしれません（輸送効率という意味では）。空港での乗降など所用時間を比較考量するなら、大都市間をむすぶ高速鉄道も、すくなくとも数百キロ圏にかぎればジェット機などと競合する大量高速移動[6]といえそうで

6　大量高速移動ではなく、個人の「高速輸送」のようだが、高速化のゆめは、際限ないようだ。
　　超高速の旅客輸送システム「ハイパーループ」構想が公開、最高時速1220キロ
　　【AFP＝時事2013年8月13日】音速に近い速さでトンネルを通っ

す。そして、「個人的自由」[7]という現代的な欲望を同時並行で最大限にみたす意味では、それこそ無数のアナーキーな秩序にそって移動する自動車は、無数に同時並走する「鉄の奔流」です。総体はマ

  て乗客を運ぶ超高速輸送システム「ハイパーループ（Hyperloop）」の構想が、発明家で企業家のイーロン・マスク（Elon Musk）氏によって 12 日、公開された。最高速度は時速 1220 キロ（マッハ 0.91）で、米カリフォルニア（California）州の 2 大都市であるロサンゼルス（Los Angeles）とサンフランシスコ（San Francisco）間を 35 分で結ぶことができるという。

 電気自動車メーカー、テスラ・モーターズ（Tesla Motors）と宇宙開発企業スペース X（SpaceX）の最高経営者（CEO）を務める同氏は、57 ページにわたる構想書を公開。それによると「ハイパーループ」は、低気圧トンネルと、その中を高速・低速の両方で移動可能なカプセルから成っている。カプセルは、空気圧と空力的揚力を利用した「空気のクッション」によって支えられるといい、マスク氏はその仕組みについて「(列車よりも) 飛行機に近い」と説明している。

 ……

 「ハイパーループ」は、ロサンゼルスとサンフランシスコを結ぶことを想定しているが、走行距離が約 1500 キロ未満の区間であれば、他の移動手段と比べて安上がりになるという。マスク氏は、両都市を結ぶ費用を約 60 億ドル(約 5840 億円)、片道乗車券は 1 人 20 ドル(約 1950 円) 程度になると試算している。

[7] 「個人的自由」という表現をもちいてはいないが、社会学者ジョン・アーリが分析する「自動車移動の「システム」」の含意・特質として、時間上ルート上の「フレキシビリティ」と、移動モードのきりかえが不在の「シームレス」とか、「鉄の檻」「モバイルな私化（プライヴァタイゼーション）」といった要素をあげているのは、総合すれば、「個人的自由」とまとめられるとおもわれる。個人がおもいたったときに、基本的に自由なルートを、プライバシーをまもりつつ移動できる技術システム＝権利の保証といえるだろう（アーリ 2010）。

ス（巨塊）としての「大量高速移動」といえるでしょう[8]。

　情報伝達手段も同様です。手紙を、人馬やハトなどにはこばせたりしていた時代とはことなり、高速鉄道や高速道をはしるトラック、航空機で、書簡などをはじめ書籍やさまざまな記録媒体などが高速で大量に輸送されるようになりました。音声や画像の伝達も海底ケーブルや人工衛星などで世界中をひとっとびです。20世紀をとおして定着・大衆化したラジオ・ニュース映画・テレビ・固定電話などをへて、20世紀末にはモジや音声情報・画像、いや、音声つきの動画が世界中に配信されるインターネット時代が、経済先進地

---

[8] 経済先進地域では、自動車を「高速」ではないと感じる市民が大半かもしれない。しかし、馬車鉄道や自転車の時代まで、ひとびとの平均速度はたかだか時速20km程度が上限であり、1日あたり300kmの旅程をこなすことは不可能だったはずだ（現在も、400km／日のペースでの長期間移動は自転車競技選手でさえ不可能だろう）。自動車は、高速バスが500km超の行程をものともしていないように、高速道路網が整備されたあとの自動車移動は、史上空前の高速移動の一種といって過言でないだろう。ちなみに、驚異的行軍速度といわれたモンゴル帝国の軽装騎兵が1日70km走破ということだし、公儀の継飛脚（つぎびきゃく）で江戸–京都間、片道最速70時間といった程度だ。

　注意したいのは、軍馬のばあいは兵士をのせての移動であり、兵士自身が輸送対象だった点。飛脚は、書状をいれたハコをはこぶ程度で、書状よりも輸送容器の方がずっとおもかったにせよ、何十kgといった「重荷」の輸送ではなかった点。いいかえれば、何十kgといった「重荷」をはこばせたければ、騎手をのせての長距離走はあきらめ、馬子としてつれていくことになり、ヒトの歩行速度とかわらないし、モンゴル帝国の軽装騎兵が1日70km走破できたという「記録」にしても、「軽装」だからできた移動だったと。自動車は、トラックなどでなくても、数百kgという荷物を毎日数百kmずつはこぶことができるという意味で、輸送効率が100倍以上にあがったということだ。

　ただし、「首都高速ならぬ首都低速だ」といった深刻な交通渋滞もあり、「低速化」については後述。

域では定着・大衆化しました。それこそ、ほんの30年まえはかんがえもつかないことでしたが（SF的で）、この本もふくめて、著者のかいた書物・論文等の原稿は、すべて電子機器で情報化されておくられます。出版社などに、自分で原稿をはこぶことなどもちろんしませんし、配達も不要。印刷直前の原版を大量に電子的に海外におくりつけることだってできます。それもあっというまに。電信のころは、モースコードと電送システムを駆使する技師たちがにない、しかも利用者は政府だの軍だの新聞社などだったでしょう。現在は、小学生がケータイ電話やスマートフォンなどで、あるきながら通話したり画像転送したりするのが、ごくあたりまえになってしまいました。ネット検索やナビゲーション・サービスを大衆化したスマートフォンのような機器の登場などをみれば、SFないしは「おとぎばなし」での魔法の世界の到来ということができます。実際、航空機や高速鉄道をはじめて体験した人間が仰天するように、現代の情報機器の長足の高度化・高速化は、そういった利器に無縁な文化圏のひとびとがめにすれば、ゆめのような状況ではないでしょうか[9]。

　ある社会学者は「コミュニケーションと旅は、かつて同義であった。アメリカ合衆国のコミュニケーション・チャンネルはかつて道路や水路や鉄道であった。人の旅のスピードがコミュニケーションのスピードの上限だった。伝説的なポニー速達便でさえ、ミズーリからカリフォルニアまでメッセージを伝えるのに10日半かかった。電信の発明は情報的移動と物理的移動とをはじめて別ものにした」とのべました（メイロウィッツ＝安川ほか訳, 2003：232）。ゲーテが19世紀

---

[9] 技術史家・科学史家は、「現代テクノロジーと加速される社会」というエッセイの冒頭部で科学ジャーナリストの著作の副題「ほぼすべてのことにわたる加速化」を紹介しつつ、「交通」「製造」「開発」「通信」「情報処理」などをとりあげている（はしもと 2003）。

初頭から20年代にかけての激変をなげいたエピソードは、これら技術革新による時代変化、時間感覚の加速化の転換点をうきぼりにするものといえそうです。

そして、クラインがそのあとをついだように、「加速化」は19世紀から20世紀にかけて、あたまうちになったわけではありません。「灰色の男たち」の魔のささやきは、『モモ』がベストセラーとなり映画化（1986年）されたのちも、よわまりませんでした。20世紀末でさえも「加速化」がやまなかったことは、クラインが紹介したSFのテレビドラマシリーズの30年ほどへたリメイク版映画の「倍速化」でもよくわかるでしょう。「世代交代」でそっくり30歳したの層にファンが総入れ替えしたとはおもえません。30歳ほど加齢を経験した中高年層全員の生理時間がはやまったはずもない。よくいわれるとおり、チャカチャカせわしい音楽から、ゆったりしたテンポをこのむようになるとか、加齢はむしろ、あるける／はしれる速度などの鈍化・低下などによって、時間感覚の減速化をもたらすはず。それでもなお、ドイツのリメイク版のエピソードは、新旧ファン層双方での「時間感覚の倍速化」をしめしているようにみえます。それは、ドイツのSFファン独自の心理メカニズムではないでしょう。クラインは「忙しい国、のんびりした国」という箇所で、「戦後奇跡的な経済復興を遂げ、西ドイツの大都会がすでに分刻みで動いていたとき、田舎ではあいかわらず教会の塔の時計に従ってのんびり暮らしていた」(クライン＝平野訳, 2009：111) とのべています[10]。同国人のあいだでさえ地域による感覚差があったのですから、

---

10 ただし、クラインのおもしろいはなしは、慎重にうけとる必要がある。たとえば、つぎのようなくだりは、かれの情報源のあやしさを象徴しているだろう。

　　今日では東京は世界で最も忙しい都市だ。社会生活についていえ

社会のまわる速度が加速化した空間と、以前と大差ない空間とに、おおきく分化したということです。

そして、すくなくともドイツの都市部のSFファンたちの時間認識は、20世紀末から21世紀にかけて、加齢による鈍化をふきとばすぐらい倍速化していました。しかも、意識できないようなペースで。歩行速度の都市ごとの比較でも、あきらかな差がみとめられるようですが (Levine,1999)、おそらく各都市の住民たちの「せわしさ」の平均が、歩行速度を規定しているのでしょう。そして、それは経済的な活況ぶりとか、競争のはげしさとかにうらうちされた、それこそ社会心理学的な要因が、歩行者、とりわけビジネス・パースンたちのせなかを「おして」いるにちがいありません[11]。心理的な圧

　　　ば、ほかに類を見ないほど正確に機能している。日本人は「8時頃」などという約束はしない。7時50分というように正確に約束しあい、人々は実際その時間に現れる。新幹線が数分でも遅れようものなら、夕方のニュースになる。(pp.111-2)

[11]　ビジネス・パースンたち（＝いそがしいひとびと）にかぎらず、歩行者のせなかをなにかが「おして」いる事実は、エスカレーターで、はしりあがろうとする層がなくならないこと、そのために地域によるが、エスカレーターの「階段」の左右どちらかを市民がおとなしくあけている事実でも、立証できる。

　　　駅エスカレーター「歩かないで」……事故250件
　　　　　　　　　　　　　　　　　　　（読売新聞2013年8月9日）
　　　立っている人のすぐ脇を急ぎ足で駆け上がる――。
　　　エスカレーターでよく見る光景だが、ＪＲ東日本では今夏から、駅のエスカレーターでは歩かないよう求める異例の呼びかけを始めた。利用客がぶつかって転ぶなどの事故が後を絶たないためだ。鉄道各社も注目しているが、通勤ラッシュ時は急ぐ人のために「片側を空ける」という暗黙のルールがすっかり定着しており、「歩行禁止」を広めるのは容易ではなさそうだ。

　　　◆ステッカーで啓発

迫感など時々刻々かわるのが常態の経済市場。であれば、十数年たったあとでは、同一の都市をくらべても、それぞれ平均速度の変動、序列の変動がおきているはずです。

1-2
「時間泥棒」はどこにいる？

　ところで、クラインは心理学的還元を軸に議論をすすめており、「私たちの生活がどんどん加速されてきた過程」であり、「真の時間泥棒」を、「ものごとに集中できないこと、ストレス、モチベーションの欠如」と結論づけています (同上：108)。現代社会が刺激を急速にふやしていることで、脳による情報処理がおいつかないと。そのため集中力をかいたまま刺激による興奮をおいもとめ、情報フィルターの機能低下をもたらすという悪循環をきたす (同上：114-20)。「マ

　　JR東日本では、利用客がエスカレーター上でけがをする事故は年間約250件に上っている。今年5月には、東京都内の駅で松葉づえを持った中年男性が、横をすり抜けた利用客にぶつかられて転倒、頭などを打撲した。昨年9月には、都内の別の駅で高齢男性が急ぎ足で駆け降りていたところ、転んでエスカレーターの下まで落ちてけがをする事故が発生した。
　　こうした状況を重くみたJR東日本は、エスカレーター上での「歩行禁止」を打ち出した。7月から「歩かない」などと記したステッカーを管内のエスカレーター全1770台付近に貼り、啓発運動に乗り出した。
　　しかし、利用客の間で「歩行禁止」が浸透したとは言えない。ラッシュ時を迎えた平日夕方のJR新宿駅。エスカレーター左側には、立ち止まって乗る人の列ができ、右側のスペースを急ぎ足の利用客が次々と歩いていく。……
　歩行者のせなかをなにが「おして」いるかについては、後述。

ルチタスキング」など、時間を有効利用しようという欲望がかきたてられ、ますます集中力が分散して効率がおちるという悪循環。これにストレスとモチベーション欠如などがかさなっていくというのが、クラインの主張です (同上：126-34)。この心理メカニズム自体はまちがっていないでしょう。しかし、クラインが同時にのべている、「時計」という装置の近現代的な機能（「時計は、時間を計る器具から道徳を計る指標へと変貌した」[p.109]）[12] とか、テイラー主義[13]の

---

[12] 時間節約につとめない人間を無規律で非道徳的だとみなす、ピューリタン牧師バクスターに代表されるような倫理観＝規範意識。

[13] 「組織的な経済活動（特に製造業の生産活動）において、実務作業者の仕事に関する基準仕事量と標準的な手順を合理的・科学的な方法で定め、管理者の下で計画的に活動を行うことで、能率・生産性を最大化しようという管理手法のこと。

　19世紀末から20世紀初頭にかけて、米国の機械技師・顧問技師だったフレデリック・W・テイラー（Frederick Winslow Taylor）とその仲間たちが生み出した管理手法で、その管理技術の体系を「テイラーシステム」、指導理念を「テイラリズム」ということがある。近代的マネジメントの原点とされ、経営史でも特大特筆される。「課業管理に基づく差別的出来高給制」「時間研究などによる課業の客観的設定」「計画と執行の分離」などを特徴とする。

　……労使協調の精神革命を高く評価する向きもあるが、一般に労務管理分野でのテイラーに対する評価は、労働者を機械と見なしており、科学的管理法は労働者に過度の負担を要求する冷酷なシステムだったという論調で解説されることが少なくない。

　……科学的管理法は社会を大きく変容させた。科学的管理法に由来する"マネジメント"は、仕事を細分化・単純化・標準化することで非熟練の農民や移民を労働者（ワーカー）にしていくことになる。結果として万能職工は廃れ、管理を行うマネージャ、管理上の記録を行う事務職、そして莫大な数の一般労働者からなる産業社会が誕生することになる。……」(科学的管理法　かがくてきかんりほう；scientific management『情報システム用語事典』ITmedia　2008年02月19日)

1章　加速化のとまらない現代

進行 (p.110) とかをふくめた、「急ぐという伝染病」(pp.112-4) といった社会心理学的な動因、それをうながす社会学的要因こそ、まずは分析すべきではないでしょうか。

　クライン自身がつぎのようにのべています。

　　……実際には、人類始まって以来、こんなに時間があることはないのだ。家事もずっとらくになった。食器洗い機や電子レンジは、ほとんどの家庭にある。しかし時間が増えた原因は、なんといっても人類が長生きになったからだ。この百年で平均寿命は倍ちかくに伸びた。

　　ヨーロッパではいま、70代の半分以上の人が元気で過ごしている。本当はのんびりと暮らしていいのだ。(p.107)

　　ひと昔前に比べれば、私たちはみないまのほうが裕福だ。ドイツではこの50年間で平均的な購買力は3倍になった。可能性が増えたということは、とりもなおさず欲望も増えたということだ。子供をベビースイミングに連れていくのを誇り、インターネットでいちばん安いニース行のフライトを探す。これは先進国の人間が以前に比べてけっして時間がないわけではないのに、年々時間がないと感じるようになっているひとつの理由である。(p.162)

　　……要するに、忙しさの大部分は単に、私たちが何かを諦めようとしないことが原因なのだ。ひとつのことをじっくり味わうために、あえてほかを切り捨てることを私たちは学んでこなかった。結局のところ、私たちの社会は、欲望を煽ることで成り立っている。けっして鎮めることではない。……

　　生きるということは、選択することだ。ロベルト・ムジールはその著書『特性のない男』のなかで、ささやかながら多くの人々が豊かさを手に入れ始めた20世紀の初頭に、同時代人に向かってこう戒めている。

「すべてのことをするだけの時間がないのではと、誰もが恐れていた。時間があるというのは、取りもなおさずすべてのことをする時間はないという意味だとも知らずに」……(p.163)

　クラインが「エピローグ　時間の新しい文化　もっとゆったりした時間を送るための六つのステップ」[14]で提言していることは、すべて個人・社会が真剣に検討し、具体的に実行することが、有意義だとおもいます。すくなくとも、日本の都市部など、「もっと時間があったなら」とこいねがう市民が大半をしめるような空間では必要です[15]。しかし、企業が社員にフレックスタイムをゆるすとか、体制がわに柔軟化をさとすような提言をのぞけば、ほとんどすべて「対症療法」でしかないようにうつります。

　実は問題の所在は、気のもちようとか、過剰な情報の遮断などフィルタリングの適切さだとかではありません。人生が倍ちかくになり、しかも技術革新ゆえの利便化によって質・量ともに余裕がで

---

[14] 「時間の主導権を握る」「自分の体内時計を知る」「余暇をつくり出す」「感覚をとぎすます」「集中する訓練」「本当の優先順位は？」と題される6つの行動指針。

[15] 実際には、時間をもてあましている「退職者」「ひきこもり層」など、さまざまな人生があること、そこでの心理的問題が深刻であることは、たしかだ。しかし、本書は、あくまで「加速化」といううねりがもたらした、全体的動向なので、ここでは、ふかくたちいらない。
　ただひとついえることは、クラインが指摘した社会の加速化と長寿化が進行したという現代の動向双方が、膨大な余剰人員をもたらしたという現実だ。かれらは、膨大な「余暇」を、心理的にしんどくなく、かつ他者に有害でないかたちで、消費する必要がある。近代以前、ひとびとがゆったりくらしていたように、ある意味、ゲーテがなげく動向以前の状態を、しあわせにすごせるようないきかたを模索すること。社会全体でそういった条件整備をすることが急務だろう。

1章　加速化のとまらない現代

きたのに、きぜわしく、つねにいそぎたくなる気分の基盤は別にあります。かれ自身のべるように、「私たちの社会は、欲望を煽ることで成り立っている」という資本主義的な消費圧力、時間的ゆとりよりも、時間の有効利用だとか、より質・量のたかい消費といった方向へいざなおうとする、広義のマーケティング圧力に、めをむけねばなりません。クラインが、「真の時間泥棒」としてあげたものがすべて、個人の心理にほぼ還元されているのは、資本主義的な消費のあおる過剰な情報刺激という異様な事態が視界にはいっていながら、その本質からめをそらしているからでしょう。ミヒャエル・エンデが「灰色の男たち」として擬人化した圧力は、それをうまく表象していたのに、クラインは心理学的な還元によって直視をさけ、個人的、あるいは各企業の努力へと問題を転嫁してしまったのでした[16]。時間の有効利用という「魔のささやき」が、なぜつめこみ主義をもたらすのか、なにがスケジュール手帳の空欄をうめつくさせるのか、なぜ「より質・量をたかめた消費」へとおいこまれるのかをあきらかにしないままでは、「もっと時間があったなら！」という心理的渇望の根源にたどりつくことはできないでしょう。

このへんのカラクリについても、社会学者たちが1990年代に議論を蓄積しています。若林さんたちと共著者の長田攻一さんは、スタファン・B・リンダー『時間革命』(リンダー＝江夏訳, 1971) などをひきながら、つぎのようにのべます (おさだ1996：162-3)。

> S・B・リンダーによれば、生産性の向上が進み所得が上がると、数多くの商品のなかから限られた時間内に使用できる商品

---

[16] クラインがエンデの『モモ』をよんでいない、あるいは含意をとりそこねているとは、かんがえづらい。

を、自らの所得からえられる効用を最大ならしめるように選択するために、いくつかの消費のパターンが観察できる。まず、同一時間内に利用する商品を高級なものに転換する「高級財への転換」、同一時間内に複数の商品を平行して利用する「同時的消費」、今までの時間を分割して複数の商品をそれぞれの時間に割り当てる「連続的消費」の三つのパターンである（リンダー、1971、140頁）。そして、J・ボードリヤールのいうように、それらの商品の地位表示機能は、定期的に陳腐化され、新たな商品へと置き換えられていく（ボードリヤール、1979、79-130頁）。われわれは、新しい商品が出るたびにそれらを自らの持つ古い同等物に置き換えたり、付加し続けていくかぎり、つねに消費の加速化のプロセスから抜け出ることはできない。その意味で、われわれはいくらあっても足りないという感覚から自由になることがなく、リンダーのいうように「時間に縛られたレジャー階級」であり続けることになる。その消費が消費社会の社会的論理に従っているにもかかわらず、個人による自由な選択という消費者像を支える個人主義のイデオロギーがその事実を覆い隠してしまうのである。自由時間は、さまざまな商品やサービスの消費に支出する所得とそれによる効用によって「陰の価格」（リンダー、1971、8頁）を帯びるようになり、それ自体が地位表示機能を持つようになるのである。

この分析は、ソースティン・ヴェブレンが「誇示的消費」[17]として指摘した、階級表示のための消費行動が、マーケティングの標的として制度化されていることをしめしています（ヴェブレン＝高訳,

---

17 "Conspicuous Consumption"。「顕示的消費」（ヴェブレン＝高訳, 1998）あるいは「衒示(的)消費」とも訳される（p. 33 脚注 20 参照）。

1998／メイソン＝鈴木ほか訳, 2000)。ペダルをこぐのをやめたらたおれる自転車運転[18]のように、各企業は商品をうりつづけなければならない。そのためには、「満腹感」でみちたりた消費者を放置していては倒産のうきめにあう。「空腹感」や「飢餓感」をおぼえさせるよう、「消化薬」や「下剤」をあてがい、消費者の「消化」「排泄」をうながさねばなりません。使用中の商品にあきるように。あるいは新商品の登場によって「時代おくれ」イメージをもつように。あるいは「いろちがい」一式そろえることによる充足感・達成感など「物語」をうえつけるか。マーケティングはいろいろでしょうが、ともかく巨視的次元では消費者たちが大量消費をつづけ、かつ大量廃棄をくりかえすよう「教育」しなければなりません。購入頻度や、かいかえや廃棄など、動機や合理性をとうなら、非合理そのものかもしれない消費行動をうながす、ある意味詐欺的な商法さえも、正当化されます。「したどりされた商品は、別の（中古）市場として有効利用され、資源的にもエコロジカルです」といった、大量消費を正当化してくれる「物語」も用意されないといけないでしょう[19]。

---

[18] 自転車の曲乗りに「スタンデイング・スティル」という静止技術があるが、営利企業で出荷停止したままでつぶれないのは、過去の特許だけで維持できる、それこそ曲芸的企業だけだろう。

[19] たとえば生協の宅配やスーパーの回収ボックスで、牛乳パックを回収し、それがトイレットロールとして再生されるという「物語」で、主婦が安心するとか。「物語」は回収処理にかかわる自治体も当然まきこんでいる。以下は、東京多摩地域の典型的住宅地域の自治体のケース。
　「町田市では、市が拠点回収した紙パックの"里帰り事業"として、オリジナルトイレットペーパーを作成しています！
　このトイレットペーパーは、貴重な資源のリサイクルについての啓発用に作成したものですが、使っていただいたたくさんの市民の皆様から、「継続して使いたい！」「どこで買えるの？」と大変好評をいた

微視的には、「かいもの依存症」状態からぬけだせない状況へと消費者をおいこむこと。その集積として、生産者同士が、マーケティング上、たがいに他者を消費者として「魔法」をかけあって、「内需」だの「輸出入」といった巨視的経済市場を形成しあうような、巨大な生産・消費・廃棄のあみのめを維持すること。「摂食中枢」がこわれたように、「摂食障害」的な消費をくりかえす人口をいかに肥大化させるか。パチンコ・スロットや公営ギャンブルなどへの依存症が問題化していますが、必要性があやしい商品を大量にかいつづけては、大量にためこむか、浪費するか、ムダなかたちで廃棄する。これら病的な消費行動を維持するために、都市部の現代人は、「ビジネス」にいそしむのではないでしょうか？　主観的に生活にゆとりがあるわけではなく、こづかいをケチケチするなど、それなりに倹約しているつもりですが、家財道具やクルマ・自宅など耐久消費財をローンで購入したりする姿勢自体が「せのび」で、過去とくらべれば、「あわてた」心理での「あとばらい」です。そもそもモノでうもれた生活は、30年、50年とさかのぼって比較すれば、病的なためこみ状況といえるでしょう。それら「あとばらい」などを気にした「あわてた」かたちのツケが、けっしてへることのない労働時間ではないでしょうか？

だいております。
　なお、トイレットペーパー1個作成するのに紙パック6枚が必要です。貴重な資源である紙パックを燃やさないで、里帰りさせましょう。」(「販売しています！　町田市古紙再生トイレットペーパー」更新日：2013年1月29日)

1-3
加速化社会のもたらした「ヒマ」

　こういった加速化された過剰消費をささえる長時間労働は、実は、巨大な「ヒマ」人たちの集合体と「せなかあわせ」です。育児にかかわらない主婦や高齢者、ひきこもりをふくめた失業者、人脈からの逃避行動をふくめたホームレス……。これら、よくもわるくもヒマをもてあました「余剰人口」こそ、異様な長時間労働にささえられた部分です。一部の富裕層は、過剰に生産された商品群を（薄利多売系ではなく）大量に購入・浪費してくれる、不可欠の購買層なのです。それなりにヒマで経済的ユトリがなければ絶対に購入不能な、「豪華客船クルーズで楽しむ優雅な一週間」といった商品が完売するはずがないでしょう。かたや、過労死寸前の労働者がたくさん潜在しているご時世なのに。

　労働から解放されたあかつきになされる「ヒマつぶし」としての巨大な消費。それはもちろん、すでに紹介した階級表示のための消費行動としての「誇示的消費」の一種でしょうし、その一部は、パッケージ化された商品を購入するがゆえに、「時間に縛られたレジャー階級」となるほかないでしょう。有閑階級は、過去に「ビジネスマン（いそがしいオトコ）」だったかもしれませんし、そうでなく継承した資産で豪華な消費がなりたっているなら、先行世代のどこかが「ビジネスマン」だったはずだと。富裕層の高齢者だけではなく、マダムたちや未成年者も同様に分析可能です。「ビジネスマン」たちの集金能力にささえられた特権的な部分であり、空前の消費行動にあずかっている。それは、ヒマだからでしょう。そして、ならいごとや学校など、かのじょたち（ときに「かれら」）は、結構「いそがしい毎日」だったりするわけですが、それらは「誇示的

消費」[20]の典型例なのです。エステや美容室にかよう「ていれ」も、バレエ教室や料理教室にかようのも、化粧品や衣装・宝飾品などをさがしまわることなども、労働者たちや「ビジネスマン」たちからみれば、すべて「ヒマつぶし」です（後述するように、ホステスさんたちの美容室・エステ利用などは、アスリート・パフォーマーらによる「からだのていれ」と同質ですが）。

かのじょたちの周辺には、たとえば配達業務の高速化とか、「ビジネスマン」たちの多忙化とか、さまざまな加速化現象がうずまいているはずです。かのじょたちの、うるわしい「ヒマつぶし」をたばねて巨大市場とするべく、マーケティングとその「手段」は、ますます速度と密度をあげているとおもわれます。こういった消費促進キャンペーンを維持するためには、当然、トップから末端までが経済戦争の将兵として効率化・加速化する。そうしないと、同業他社や新規参入者に敗退してしまうでしょうし。

たとえば、エリック・ロリエという地理学者は、「高速道路上のマルチタスキング」という視点から、高速道路の利用者のうち一部は、そこで高速移動を職務上しいられるだけでなく、電話・書類仕事・電子メール処理などを並行してさせられていることをあきらかにしています（フェザーストンほか＝近森訳, 2010：411-35）。さまざまな心理学的データから、自動車運転手の視野は速度上昇に応じてせまくなることがしられています（たとえば、OECD, 2006：41-2）。そして、社会学者アンリ・ルフェーブル（1901-1991）は、「運転者は自身を

---

[20] ヴェブレンが19世紀末のアメリカの有閑階級を批判して命名した現象 "Conspicuous Leisure" ＝「誇示的余暇」「衒示（的）余暇」ないし「顕示的閑暇」（ヴェブレン＝高訳, 1998）などと訳されてきたことの「末裔」にあたるでしょう。経済的ゆとりがあるがゆえの、時間的ゆとりであるという社会的含意＝体面維持のために消費が誇示されると。

目的地に向けて進めてゆくことにしか関心がなく、周囲を見回すさいにもその目的にとって必要なものだけしか目をとめない。運転者はこうして機械化され技術化された……経路しか知覚せず、またそれをただひとつの見地から、つまりは速度や可読性や便利さ［等々］といった機能性からしか見ない」とのべました（フェザーストンほか=近森訳, 2010 : 324）。「高速道路上のマルチタスキング」などは、それこそ自殺行為だとおもわれますが、市場という巨大なアリーナ（闘技場）では、脱法行為や違法行為がくりかえされているものと推定できます[21]。

さらには、高速道路を走行中の運転者の心身は、高速ですぎさる外部世界をデータ化=単純化して操縦士につたえる戦闘機のコックピット内部の状況にちかづいているという、おどろくべき指摘もあります。技術革新の結果、運転者の心身の延長線上として自動車が情報処理系の一部を構成するようになると。将来的には「運転者がパイロットに、自動車が一種のデータスーツ的外被になる」かもしれないというのです（「自動車-運転者-ソフトウェアの構成=集合体（アセンブリッジ）」[同上：19]）。すくなくとも、離着陸時以外の相当な時間帯をコンピューター制御での自動操縦で飛行している旅客機・貨物機なども、それを実現しています[22]。衝突回避システ

---

[21] 藤本憲一は、「ハンズフリー通話装置」など意に介さず「ケータイ片手の『ながら運転』」の自明視など「ながら文化」に着目し、マルチタスキングにおわれる「軍用機パイロット」や「バス運転手」や、「デキる社員」のこなす「ながら流れ業務」、「デキる専業主婦」の実態としての「ながら副業主婦」など「同時複数並列的な情報処理行為」を例示している（ふじもと 2012 : 184-5, 188-91）。

[22] アメリカのアシアナ航空の着陸失敗のように、コンピューター制御の問題点も指摘されているが。

ムなどが実用化しつつある自動車をみるかぎり、早晩かなりの程度まで自動走行が可能になるでしょうし、そのばあい、運転者がコックピット内の操縦士と同質な心身となる可能性がたかまってきました。「一種のデータスーツ的外被になる」とは、SFアニメ『機動戦士ガンダム』などの「モビルスーツ」などのイメージとかぎりなくちかいものということができます。これらは、高速化を可能にしたコンピューターなどの技術革新がなかったら、実現しなかった身体感覚にちがいありません。われわれは、しらずしらずのうちに軍事世界やカーレース世界ににた感覚に接近し、しかもそれが大衆化・日常化した世界に突入しているということができます。

　ところで、「佐川男子」[23]などともてはやされる宅配ドライバーたちは、高速道路こそはしらないものの、不在票に反応した利用者からの電話を運転席で受信し、走行したまま予定配達時間など応答するでしょう。かりにマイクつきヘッドフォン装着で合法的になされていようと、交通事故を回避する神経戦をしのいでいるという点では、コックピット内のＦ１ドライバーやパイロットなどと共通した緊張感をともなって「マルチタスキング」がくりかえされているはずです。

　こういった「理不尽」ともいえる異様な時間消費の格差（超多忙と超余裕）こそ、現代社会の本質を、かなりの程度象徴しているのです。

23　「青と白と細い赤のボーダー柄の制服……で知られる佐川急便の男性ドライバー」（『知恵蔵2013』）。

1-4
死ととなりあわせの超合理化圧力

　「事故を回避する神経戦をしのいでいる」といった緊張感にみちた時空をいきる運転者たちは、なにも、事故ととなりあわせのF1レーサーとか戦闘機パイロットのような特殊な「速度エリート」たちにかぎりません。すでに言及したように、宅配ドライバーたちは「ながら運転」という「曲乗り」をこなしている。宅配ドライバーが大参事をひきおこしたときいたことはないので、なんとか「曲芸」を破たんさせずにきりぬけているのでしょう。しかし、心理学者の一川誠さんは、「JR福知山線脱線事故」(2005年4月25日) の原因を「人間の限界を超えたスケジュール」にもとめています。事故調査の「最終報告書では、直前に引き起こしたオーバーランに対する処分を恐れた運転士が車掌の無線交信に気をとられ、運転から注意がそれ、急ブレーキのタイミングが遅れたことが主な事故の原因とされている」。たしかに集中力をそらされたときに認知的処理速度がおち反応速度がおそくなるけれど、そういった「事故の直接的原因」かもしれないけれど、「そもそも秒刻みのスケジュールの設定自体が、人間の能力を超えていた」のではないかと。そして、「厳密なスケジュールからずれることが許されないようなシステム、あるいはスケジュールから遅れを取り戻すために危険を冒さなくてはならないようなシステムは、人間の作業者向けではない」。「もっとゆるやかなスケジュール設定にするか」「時間遅れを産まないような機械に作業をさせるべきであろう」と (いちかわ2008：160-1)。

　「JR福知山線脱線事故」にかぎらず、「ヒューマンエラー」とよばれるミスがもたらした重大事故は、個人的な失策ではなくて構造的な破綻だといわれてきました。とりわけ、カーレースや軍用機のように、事故の犠牲者が少数におさまるものではない公共交通機関

がらみの事故は。「安全第一」がモットーのはずが「輸送力確保」といった大衆社会やビジネスの欲望の圧力をうけると「至上命題」が空洞化すると。特に、一川さんによれば、輸送システムや情報システムが高速化すると、「知覚認知処理」のおくれが致命的に作用することがかんがえられるとのこと (同上 : 163-5)。これは、実におそろしい時代がやってきたことを意味しているでしょう。乗客は、そんなことしりませんから。

2章
おおきく、おもたく、永続しようとする存在から、ちいさく、かるく、流動消失しようとする存在へ

本章のあらまし

加速化をやめない現代社会は、巨大タンカーなど膨大な物量を輸送する空前のハイパワー空間であると同時に、ヒトやモノが極力移動しないですむ時空でもある。おおくの事物が軽薄短小化し、永続する物理的実体が縮小しつづけている。新規の技術や着想は、すぐに時代おくれとなり、人材もふくめて永続的に重宝がられる存在など皆無にちかい。インターネットをはじめとするコンピューター技術は、これら流動化を加速化している。効率性・利便性を「はどめ」なく追求する異常さもさることながら、不安や失業や浪費など、さまざまな負の側面も増大するさまは、「症候群」ともいうべき現実となっている。また、有閑階級の享受するさまざまな「幸福」は、宅配ドライバーやアマゾン・コムのピッキング現場など過酷な労働条件を前提としている。これら肥大化した消費市場は、空前のゆたかさを享受できる階級的格差の差別的な確認作業の空間と化している。高速で反復運動をくりかえす機械との競争や、サービス商品市場における薄利多売競争ゆえのマクドナルド化の進行など、労働者としても消費者としても、経済階級上の格差は、時間のあてがわれかたで歴然と露呈する。体形維持の営為（身体運動の確保・食餌制限 etc.）さえも経済階級上の格差の産物であり、ネット社会をはじめとした技術革新は、格差を拡大することはあっても、ちぢめる方向には作用しない。

2-1
軽薄短小で流動化した社会

　社会学者ジグムント・バウマンは、近現代を「液状化」過程ととらえました[1]。そこでは、近代前期を重厚長大で固体的時空、近代後期＝現代を軽薄短小で流体的時空と特徴づけています（バウマン＝森田訳, 2001）。

　ひとつだけ象徴的な具体例をあげて両者を対照させるなら、巨大工場が建設されて無数の工員たちが巨大なピラミッド構造（株式会社や国営企業）のもと大量生産に従事していた（しかも可能なかぎり定年まで）のが固体的時空。対して、マイクロソフト社やグーグルのように、世界のどこに本社があろうとフシギではない、ソフトウェアなど情報を発明・改変・配給して利潤をあげる企業や、それらを利用するモバイル機器でおおわれた流体的時空（次期までのこっている社員・役員がどの程度いるのか、全然みとおせない）。

　前者は、膨大な資源と労働力を広大な敷地にあつめて、それこそ、重厚な物品を生産しつづけてきましたし、かりにプラスチック製品など単体では軽量な商品を生産するにせよ、それを大量に輸送するシステムは、鉄道や艦船など巨大で重厚なものでした。もちろん、軽量のスマートフォンでも、大量にはこぶためには重厚長大な輸送システムが依然必要なわけですが、大衆の購入動機の大半は、物財自体ではなくて機能であり、ダウンロードできるソフトウェアなど、情報が価値のほとんどを決しています。極端なはなし、機器の物理

---

[1] バウマンは、"Liquid Modernity" をはじめとして、"Liquid〜" というキーワードではじまる著作を何冊もかいているが、「流体」「流動性」をたとえるうえで、「液体」「液状化」をえらんだ真意は不明。ネット空間など「気体」とか「気化」とたとえるべき現象がたくさんあるからだ。

的堅牢ささえも、カギは素材ではなくて、どう強度をあげつつ軽量化・コンパクト化を実現するのか、技術革新と企業秘密化でしょう。すべては、物財そのものではなく、知的所有権としてかたられるような性格のものが商品の本質だと。

バウマンが、重厚長大というべき拡大志向そのものの近代前期と、極端なはなし物体を極力「無」にちかづけようとする現代社会の資本主義や技術革新との対比に着目するのは、実に合理的です。重厚長大系の拡大志向では、行員や事務員がおおいほど、所有地がひろいほど、かかえる機材等がおおいほど大企業だったわけですが、現在それらを全部肯定的にうけとめることはないでしょう。むしろ、労働者や機材などはムダにかかえすぎとおもわれるかもしれず、ときには所有地でさえも資産価値がとわれるかもしれません[2]。極端なはなし、おなじ利潤をあげるために、経営者や従業員の人数がすくなければすくないほど、オフィスなどにかかっている運営費などがすくなければすくないほど、さらには、つくったり・うったりした数量がすくなければすくないほど、すぐれた企業と、格付け会社や投資家はかんがえるわけです。「(同一の利潤をあげるために)人材や物財が投入されないほどこのましい」という発想は、近代初期には絶対ありえなかったでしょう。

人員や物財がケチケチされるだけではありません。すでにのべたとおり、可能なかぎり「定年」まではたらこう(はたらかせよう)

---

[2] たとえば、「中間業者を排し、在庫を持たない注文生産(BTO)の直販スタイル(ダイレクト・モデル)」をとり、「現在、世界でトップクラスの販売台数を誇る」パソコンメーカーの「デル(DELL)」など(**ウィキペディア**「**デル**」)は、物財としてのパソコンを生産・発送していながら、倉庫どころか工場さえもたない点で、バウマンのモデルの典型例といえそうだ(ダビドウ=酒井訳, 2012：159-60)。

とするひとびとと異質な人的資源論が支配的になりつつあります。「次期までのこっている社員・役員がどの程度いるのか、全然みとおせない」ご時世。商品のモデルチェンジだけでなく、組織に一時的に滞留したかにみえる人材は、次の期にはいないことがしばしばです。10年20年がかりで気ながに人材を育成して、それが「利子」ないしは「果実」をうむといった発想ではなく、ながくて数年で目標達成。その目標達成までの半期ごとに分割され、その評定で、解雇されるかもしれないような「業績主義」。もはや、即戦力としての人材投入のためのヘッドハンティングや人材派遣にみられるように、たとえば「職人」の長期的育成などは、それこそ20年ごとの遷宮に動員される「宮大工」のような名工空間以外では無意味化したと。

　気がみじかいのは、経営者ばかりではありません。むしろ、消費者や投資家が短気になっているからこそ、市場がめまぐるしく変動していきます。経営者が各期の成績に躍起になるのは、自分のクビがとぶかもしれないという恐怖感もありますが、なにより、天気の長期予報のように、経済的みとおしが、あてにならないのです。投資家がさわぐまえに、きまぐれな消費者をつなぎとめ、あるいは、あらたな消費者をほりおこして、めまぐるしい市場に適応しないといけない。新商品のために、あらたな人材・技術・素材などが投入され、あらたな社会的意義が考案されるなど、さまざまな意味でのイノベーションがくりかえされる、せっかちでせわしない体制は、同業他社にやぶれるという競争原理の産物だけではなく、きまぐれであきっぽいだけでなく、刺激にマヒしてくいつきのわるい観客のような消費者を、ともかく購買・消費ゲームのプレイヤーとしてアリーナにひきずりだすためにも、さけられないのです。

　マルクス経済学などを軸に議論されてきた「利潤率の傾向的低下」といったむずかしい理論・実証問題をもちだすまでもなく、一

部の超ロングセラー商品を例外として、たとえば20世紀後半以降に開発された商品の大半は、最低でもニューモデルにきりかえないかぎりうれなくなり、おおくのばあい全然別種の商品にとってかわられます。ソロバンや計算尺や手回し計算機などが、電卓やパソコンなど電子機器の計算機能にとってかわられたり、電話交換手を介して回線をつないでもらっていた固定電話が、ケータイやスマートフォンにおきかえられたりしたように。IT業界の技術革新に、1990年代にはヒトの7倍で成長するイヌの加齢になぞらえた「ドッグイヤー」という表現がつかわれ、さらに2000年代前半には、ヒトの18倍で成長するネズミの加齢になぞらえた「マウスイヤー」という表現にとってかわられ、最近はそれさえ陳腐化したとか。高速化・加速化をあらわす業界語が10年ごとに陳腐化するなど、この皮肉な現象も高速化・陳腐化の典型でしょう。さらに、これらは一般消費市場でうりかいされる商品のはなしでしたが、たとえば「集積回路上のトランジスタ数は「18か月ごとに倍になる」」(ウィキペディア「ムーアの法則」)といった短期間での幾何級数的（累乗的）な高性能化が、相当程度信じられてきましたし、実際すごい技術革新が一般消費者の自覚できない次元ですすめられてきたわけです。

　たとえば最初に日本でNTTが実用化したポータブル型電話(ケータイの前身，1985年)は、かたかけで3kg、「携帯電話」をかたった1987年でも750gもあったそうです（ウィキペディア「携帯電話」)。しかもこれらは、現在のケータイ／スマートフォンが可能としている、超うすがたパソコンの機能などはもちあわせず、単なる性能のわるい通話機でしかなかったのです。「ムーアの法則」などにそった、部品の超小型化・集積化が「内部」で急速に、しかも一貫してすすめられてきた産物です。過剰な機能が「ガラパゴス・ケータイ」などと皮肉られましたが、スマートフォンほか、現在定着しつつある

「通話機」は、高齢者や学童などむけの単純なもの以外は、どんどん機能を肥大化させつつ、サイズは操作が困難になる直前まで軽薄短小化していくでしょう。「他社が開発したから」「消費者にそっぽをむかれないために」といった家電製品の過当競争は、「通話機」周辺にかぎらず、さまざまな領域ですすむでしょう。アジア以外の経済先進地域は、経済成長が鈍化してしまったと、近年ずっといわれつづけているにもかかわらずです。真空管の時代から、トランジスタをへて、IC→LSI→超LSIの時代へと転換したことで、いわゆる電子工学は半導体の時代へと変貌をとげ、その「革命」によって、軽薄短小化運動は、無限をめざすかのように日々追求され、とどまることをしらないようです。

　さて、物体のおおきさとか地理上の距離とかが重要ではなくなり、移動時間とか通信時間とかが重要になった。しかも、移動時間や通信時間がすくなければすくないほど、すぐれているのであり、それらを節約できる技術とか権利をもっている人物・集団が強者であり特権を有するものとして、序列化しているというバウマンの指摘も、これらの延長線上にあります。バウマンは「高速移動のソフトウェア世界では、空間の移動に、文字どおり、「時間がかからない」し、「遠いところ」と「すぐそこ」の差もない。空間は行動の結果の限界とはなりえず、……重要性を失う。空間は軍事評論家がよく使う、「戦略的価値」を喪失したのだ」とのべました（バウマン=森田訳, 2001：153)。ヒト／モノなど物理的実在とか地図上の距離が無意味化し、時間が意味をもつ。要は高速化で、質量のあるヒト／モノは航空機や高速鉄道などが「輸送」し、質量のない情報は複製のかたちで電送し、「距離」を極小化ないし無化する時代が20世紀末に

やってきたということです[3]。

2-2
インターネット時代の含意

　以上、情報化社会＝半導体技術などの長足の進歩による情報の流通・蓄積の質的量的爆発は、それこそ「加速化」の典型例ですが、ひとびとに情報の高速・大量移動というかたちで画期的に利便化をすすめたものの中軸はやはりインターネットです。その最先端をいく具体例をいくつかあげるとすれば、たとえば検索エンジンとし

---

[3] 　トムリンソンは、マルクスの「時間による空間の無化」、デイヴィッド・ハーヴェイの「時間と空間の圧縮」という提起にふれ、「物理的な意味であれ、象徴的な意味であれ—離れた地点を移動するときにかかる時間の劇的な短縮によって得られる距離の圧縮感」とまとめる（トムリンソン＝片岡訳, 2000：17）。ジョージ・リッツァはクレジットカードとネットを介した電子ショッピングなど、家庭をふくめた24時間全体の消費空間化を指摘すると同時に、時間のかからない究極の購入形式としてダウンロードに着目している（リッツァ＝山本・坂田訳, 2009：234-258）。電子メディアが「場所感の喪失」をもたらしたという議論も重要だろう（メイロウィッツ＝安川ほか訳, 2003）。

　また富田英典は、A・ギデンズやM・カステルらの議論に着目して、ネット空間・モバイル空間の定着によって「目の前の場面の空間」から「場所の空間」という前近代／近代の変動を根底からゆさぶる「フローの空間」／「モバイルの空間」への変容、「自然界の周期的時間」から「時計の時間」という前近代／近代の変動を根底からかえる「タイムレスタイム (timelesstime)」／「リアルタイム」への変容が発生したと指摘する（とみた 2012：143-8）。

　なお現在の「当日配送」サービスにいたるまでの物流・旅客のスピード競争の歴史的展開をあとづけるものとして、わしず（2006）、こんどー（2010）。

てのGoogle、そして無名の市民によって更新されつづけている無料オンライン百科事典Wikipediaをあげるべきでしょう。かくいう、本書も、このふたつなしには、かけなかったといっても過言ではありません。大学図書館や市立図書館にいき、百科事典などを起点に、たくさんの文献にあたる作業のかわりに、かなりの探索作業が物理的移動なしに簡単にできてしまう。経験と勘さえあれば、図書館にほとんどいかずとも、Googleでしらべたウェブページと新本・古本を宅配サービスで利用すれば、百冊程度の書籍情報を1週間であつめる作業だって難題ではありません。おかねもちなら百冊とどけてもらうことも可能です[4]。

しかし、こういった加速化については、信頼性・公平性など、さまざまな問題が提起されています。『ネット・バカ　インターネットが　わたしたちの　脳にしていること』『Googleとの闘い』『つながりすぎた世界　インターネットが広げる「思考感染」にどう立ち向かうか』『グーグル化の見えざる代償』『閉じこもるインターネット』『ネットが社会を破壊する』といった書名をならべるだけでも、インターネットやその象徴といえるGoogleやWikipediaの利便性（≒加速化）が、福音だけではないことがしれるでしょう。これらは、新技術に無理解な時代錯誤の人物による妄言ではなく、むしろ一級の知性からの批判である点が深刻さをものがたっています（ダビドウ＝酒井訳, 2012／アスリーヌほか＝佐々木訳, 2008／まきの2010／カー＝篠儀訳, 2010／ジャンヌネー＝佐々木訳, 2007／ヴァイディアナサン＝久保訳, 2012／パリサー＝井口訳, 2012／たかだ2013）。

たとえば、『ネット・バカ　インターネットが　わたしたちの　脳

---

[4]　実際、うれっこ作家の一部の執筆は、そうやって実行されているのではないだろうか。経済評論家の勝間和代などは膨大な本を購入し、その大半はうってしまうということだったし。

にしていること』にかぎらず、おおくの論者が、集中力の持続がなくなり、関心が散漫になる傾向を指摘しています。たとえば電子書籍で古典小説などをじっくりよもうとしても、集中をたもつことがおそろしく困難だといった報告があります（カー＝篠儀訳，2010：147-8）。ウィキペディアで項目の記述をよもうとすると、リンクにとんでしまうなど、おちついて最後までよみとおせないといった指摘もあります（あらい2012：27-32）。

あるいは、学術雑誌がオンライン化することで、ネット検索によって簡単に利用できるようになれば、「学術研究の視野は格段に広がり、より多様な引用がなされるようになる」という仮定が、正反対の現実をもたらしているといった調査結果は、皮肉をとおりこして衝撃をあたえるでしょう。

> オンラインに移行する雑誌の数が増えるにつれ、引用される論文の数は以前より少なくなった。……印刷版で出ていた過去の号がデジタル化されてウェブにアップロードされると、学者たちは最近の論文を頻繁に引用するようになった。エヴァンズの説明によれば、入手可能な情報の増加が、「科学および学問の縮小」へとつながったのである。
>
> ……検索エンジンなどの自動情報フィルタリング・ツールは人気増幅器として機能するのであって、どの情報が重要であり、どの情報がそうでないかのコンセンサスをただちに確定したあと、それを補強しつづける傾向にある。……「紙媒体時代の研究者」が雑誌や書籍のページをめくりながら、当たり前のこととして拾い読みしていた「周辺的関連論文の多く」を、ハイパーリンクをたどることの容易さゆえ、オンライン時代の研究者は「飛ばしてしまう」のである。「普及している意見」をすみやかに発見できるようになったことで、学者たちは「それに追随してしまい、論

文の参照をあまり行わなくなる」ではないかとエヴァンズは言う。

(カー＝篠儀訳, 2010：298-9)

　これは、科学的な競争関係において、有力な研究者が資金・協力者などをますます動員できて、そうではない研究者との格差がひろがる一方になる傾向を指摘した、ロバート・K・マートンの「マタイ効果」[5]の現代版というだけでなく、それら理不尽・非合理性が加速化・広域化していることをうかがわせます。この被引用度の格差拡大の含意は、想像以上に深刻です。なぜなら最近「普及している意見」という、研究史上の中長期的な価値が全然保証されていない（「賞味期限」が不明）「短期的な流行」に、研究者がふりまわされており、しかもそのことに無自覚であるがゆえに、時空上の知的視野狭窄状況がつよまっていることを意味しているからです。オンライン化という現代文明の利器によって研究者の平均水準が能力的に低下しているのです。「ネット・バカ」という、日本語訳表題は、連載エッセイだった"Is Google Making Us Stupid?"（「グーグルでわれわれはバカになりつつあるのか？」）からきているようです(カー＝篠儀訳, 2010：358)が、表題にひかれた読者のほとんどは、ネッ

5　MERTON（1968:59-60）参照。
「マタイ効果（Matthew effect）
マートンは、条件に恵まれた研究者は優れた業績を挙げることでさらに条件に恵まれる、という「利益＝優位性の累積」のメカニズムを指摘した……。マートンは、新約聖書のなかの文言「おおよそ、持っている人は与えられて、いよいよ豊かになるが、持っていない人は、持っているものまでも取り上げられるであろう」（マタイ福音書第13章12節）から借用してこのメカニズムを「マタイ効果」と命名した。著名科学者による科学的文献には水増しする形で承認が与えられ、無名科学者には与えられない。」
（**ウィキペディア**「**科学社会学**」）

ト社会での大衆蔑視的な論調を期待したのではないでしょうか。しかし、社会学者エヴァンズの調査結果は、研究者こそ近年オンライ化にともなって時空上の視野狭窄という知的劣化をきたしていると、おしえてくれているのです。

　また、匿名掲示板などにおける「炎上」事件（ウェブ上の集団リンチ）や、それに起因する自殺者とみられる芸能人が多数でるなども、異様な空間が出現したとしかいいようがありません。むかしも、大衆による社会的リンチとして、抗議や恐喝の手紙が多数おくられるとか、いやがらせ電話などもありましたが、ブログやSNSなど、ネット空間がもたらした各種サービスが、空前の暴力をもたらしていること、到達速度や情報量などが、ケタちがいにおおきいことは、特筆すべき点でしょう。楽にモジ入力をおこない、簡単に送信することで不特定多数の読者に瞬時に送信できて、自己陶酔までかなえられる。こういった下劣な動機によるゲーム感覚のサディズムが、ネット空間と各種サービスによってローリスク・ローコストで可能になったのです。ハンドルネームや匿名などによる攻撃は、自分はあいてからほとんど攻撃をうけず、しかも「類は友をよぶ」で、「自然発生」した多数の「悪友」を疑似的に動員することができます。究極のローコスト・ゲームは、利用者たちの良心を完全にマヒさせ、むしろひらきなおらせるかたちで病状（すでに「症状」というべき次元です）を悪化させるばかりのようです[6]。

6　通院した病院への不満をブログにかきこんだ県議が、「炎上」を苦にしたらしく自殺した件で、「ネットで人を叩く時は相手が自殺する可能性を考えましょう」というブログ記事がかかれた。しかし、そこへのコメントのおおくは、ブログ記事をバカにするもので、なかには、つぎのような常軌を逸した暴力性まで、表現されている。
　　　「2013/06/25 23:07

そもそも、自宅やケータイ番号など個人情報が広域にさらしものになってしまうという事態なども、ネット空間なしには、ありえなかったわけですし。どんどんコピーされて物理的に社会からの消去が不可能になるとか、その高速の伝播作用と、それがもたらす暴露的暴力性は、テレビ時代の比ではありません。

2-3
コンピューターによる労働力の不要化

　さて、距離という地理的位置のズレを移動するという面での速度だけではなくて、うごかなくても高速化がのぞまれるような課題はたくさんあるでしょう。たとえば、ひろい意味での「計算」です。そして、驚異的な計算速度を並行的に実現することで、「探索空間での指数爆発」という問題を解消しつつあるのが、コンピューター技術といえるでしょう。人間の知性の最高水準を象徴するとおもわ

やって炎上したこと自体はまあよくあることだと思ったが、自殺した時点でクソだと思った。
自殺するようなヤツは同情しませんし悲しくもありません。
さらにさらに、自殺するだけでもクソなのにその原因が炎上ってこれまたもうね。
どんだけちっちゃいのか。
ホームに下りた痴漢が逃げて線路に落ちてそこに電車が……という話と同じ印象。」
　こういったかきこみが削除されず放置されること自体、遺族などにはたえがたい暴力だとおもわれる。かいた当人は、まったく自分たちの私刑心理の異常性を自覚できていないだろう。このあとに、たしなめるコメントがいくつもあった点だけが、唯一のすくいといえる。

れていた天才チェス選手カスパロフが「ディープブルー」[7]にやぶれたなど、「限られた探索空間」では、「指数爆発」問題は解消されてしまおうとしています (あらい2010:11-20)[8]。ゲノム解析など、意味をいちいちかんがえる必要のない判断はもちろん、文章の形態素解析とか、外形的な特徴の判別を画像処理でおこなう技術など、文脈をかんがえないですむ「広義の計算」では、ヒトはすでに圧倒されているし、早晩、あらゆる領域で圧倒されてしまいそうです。「名人の神業(かみわざ)」はきえてしまうだろうと (あらい2010:76-81)。

かくして、この数学者（新井紀子）は、「コンピュータが苦手で、しかもその能力によって労働の価値に差異が生まれるようなタイプの能力で戦わざるを得ない」し、「直接に生産労働に携わらないホワイトカラーの仕事は、コンピュータの本格的な登場によって、上

---

[7] 「大学の研究室で生まれたチェス専用スーパーコンピュータ「ディープ・ソート」の研究を引き継ぐ形で、IBMが1989年より開発を開始したもので、ディープ・ソートを破った当時チェスの世界チャンピオンだった、ガルリ・カスパロフを打ち負かすことを目標とした。」「1秒間に2億手の先読みを行い、対戦相手となる人間の思考を予測する。予測の方法は、対戦相手（この場合、カスパロフ）の過去の棋譜を元にした評価関数（指し手がどのぐらい有効かを導く数式）を用いて、効果があると考えられる手筋すべてを洗い出すというものである。」「過去に2回の対戦が行われ、1回目(1996年2月)はカスパロフが3勝1敗2引き分けで勝利、2回目(1997年5月)には使命を果たす形で6戦中2勝1敗3引き分けでディープ・ブルーが勝利した。」（**ウィキペディア「ディープ・ブルー（コンピュータ）」**）

[8] この数学者による《チェスねた》は、将棋については、「とった駒を自分の持ち駒として再利用することができる」という「探索空間」のひろさが問題として指摘されていたが (あらい2010:19)、同書が指摘している「機械学習」(同上:72-4)の成果によって、トップ棋士より将棋ソフトの方が「つよい」らしいことが判明した。将棋より、あきらかに「探索空間」のひろそうな囲碁でも、早晩、囲碁ソフトが世界のトップ層をおいこすだろう。

下に分断されていく」と予言します。機械の驚異的な計算速度（情報処理能力）ゆえに、コンピューターが処理困難なしごとしか、のこらなくなる。自動的にはこなせない肉体労働以外、コンピューター制御の労働現場が急増していく。そして、コンピューターに処理困難なしごとが、みんな高級なのかといえば、「郵便物の仕分け」「伝票の読み取り・仕分け・計算」など、てがきメモのパターン認識の残務を人間がやらされたりする（同上：191）。そうした作業は「どうしても時間単価の安い非正規雇用職員が担うことに」なる。「インターネットの発達」で「多くの人ができるがコンピュータにとって難しい仕事」を「全世界に向けて外部発注する」「クラウドソーシング」という「労働のあり方」を可能にしたために、作業単価はさらに下落するにちがいないと。結局それは「人間が機械を使いこなすのではなく、機械が人間を下働きとして使いこなすようになる」ことだというのです（同上：192）。

これは、かなりおぞましい未来像です。「全世界に向けて外部発注する」「クラウドソーシング」は、まさに移動せぬまま移動したこととおなじ、いやそれ以上の効率をえるという、究極の距離の無化です。「いま・ここ」にとどまったまま世界の知的資源を短時間に大量動員できることを意味し、それはまさに、移動する行為をともなわない課題処理の高速化です。さきほど、「コンピューターが処理困難なしごとしか、のこらなくなる」とのべましたが、現実は、それさえこえているようです。1990年代の米国郵政公社では「区分機が読み取れなかった郵便物を、その郵便局の局員が仕分けるのではなく、より人件費が安い場所の作業員に動画を送って遠隔的に仕分けていた」のだそうです（ダビドウ－酒井訳, 2012：163）。「ある企業が生産を移管すれば他社も追随せざるをえなくなる。後を追う企業が増えるほど生産移管によるコストの下げ圧力は強まり、削り代がなくなるまでこの動きは続く。原動力はインターネットだ」とダビ

ドウはいいます(同上)[9]。

　「距離」を極小化ないし無化する時代が20世紀末にやってきたとバウマンがのべた世界は、「いま・ここ」に具体的人材がいる必要を消失させる無人化傾向をしめしているわけです。徹底的な省力化、徹底的なヒトべらし、徹底的なコストダウン、……。これらは、すべて高速計算と複製技術のたまものであり、トコトン人件費をきりつめていくという、「マクドナルド化」(ジョージ・リッツァ)のながれと、技術的にも時代的にも並行しているでしょう[10]。マックス・ヴェーバーがよみがえって現代社会を体験したら、卒倒しかねない超合理化空間であり、とどまるところをしらない超合理化過程です[11]。

---

[9] 「機械との競争」によって労働者は必然的に敗北し失業していくという絶望的予測としては、ブリニョルフソン/マカーフィー(=村井訳, 2013)。

[10] 「マクドナルド化とはアメリカ合衆国の社会学者で、メリーランド大学社会学部教授のジョージ・リッツァ(George Ritzer, 1940-)がつくった言葉である。リッツァはマクドナルドの経営理念とそれを象徴する合理化が現代社会のあらゆる場所に浸透していることを指摘し、それをマクドナルド化(McDonaldization)と名づけた。マクドナルド化の影響は、レストラン業界に限らず、教育、職業、刑事司法制度、医療、旅行、レジャー、ダイエット、政治、家族、宗教つまり事実上、社会のすべての側面に及んでいる。マクドナルド化は、世界において定評を確立していた制度や伝統のある地域のすみずみまで、たちまち拡がっていったことからもわかるように、もはや避けることができない過程である。」(マクドナルド化-Jinkawiki)

[11] 労賃をねぎるために生産拠点が移動することは近年のごく一般的な構図だが、移転するのは熟練を必要としないものだけではない。最近では、「画像診断資料を途上国に送信して、そこで放射線医が診断をくだすこともできる」し、「緊急度の高い容体なら30分以内に返事が来る」そうだ(ダビドウ=酒井訳, 2012：161-2)。「インターネットを介せば簡単に技術仕様書

本書の前身にあたる本のあとがきで「『星の王子様』や『モモ』が寓話化したとおり、われわれは、なんのためにいそいでいるのか、わからなくなっている。目標をみうしなったまま、いきせききってスピードをあげている」とのべました（ましこ2000：293, 2007：297）。ルネ・クレールの『自由を我等に』やチャップリンの『モダンタイムス』がえがいた、オートメーション工場の非人間性は、1930年代の告発でしたが、工場はどんどん無人化していきました。ヒトに作業させていたのでは、まにあわないこと、機械が反復作業できる領域がロボット化によって実現したからでしょう。そして、オートメーション工場が無人化したからといって、「いそがしさ」がへったわけでないこともあきらかです。むしろ、生活リズム全般が加速化しつづけているでしょう。モノがうれない。構造不況だといわれているのに、なぜかいそがしいままのひとびと。
　はっきりいえることは、かの数学者が予想するとおり、コンピューター制御の労働空間が合理化≒加速化による過当競争をやめられないのであれば（あるいは、実は「錯覚」しているのであれば）、ロボット化をふくめて無人化する空間がふえることはあっても、へ

を送れるので、いまではロシア、バルト海諸国、インドなどにソフトウェアを発注するようになっている」し、「企業によって世界各地に開発チームを分散させ、時差を利用して1日24時間体制でソフトウェアや半導体を開発することさえある」そうだ（同上：162）。
　これまでの企業組織とはことなり、いわゆるオフィス外での情報通信技術を前提にしたはたらきかたを総称して「テレワーク」とよぶが、不可視化され換算されない「自宅残業」が急増中とおもわれる（さとー2008：97-117）。「ドラえもん」ではないが、「どこでもオフィス」（同上：80-2）という病理といえそうだ。アメリカで急増中といわれる「窒息するオフィス」は、ホワイトカラー層への急速なしめつけが、情報通信技術によって進展し、日本列島にも繁殖中ということだろう（フレイザー＝森岡訳, 2003）。

ることはないという構造です。つまり、経済学者によって「市場の調整局面」などと婉曲化された「不況」という構造は、すくなくとも、経済先進地域での労働市場にかぎっていえば、「頻繁化」するということです。慢性的な「ひとあまり」現象がつづき、たまに、ふってわいたように、局地的に極度のひとで不足が短期的に発生して、すぐ終息する。そんな感じでしょうか。つねに、労働市場から、「必要とされていない」人口が滞留して、へることがほとんどない。「ニート」「失業者」「障害者」など、異端視されていた層と大差ない、「必要とされていない」人口部分（前述したような富裕な有閑層も）が一般化して、過労死寸前の超多忙層とどんどん実質労働時間の差がひらいていく。……こんなイメージです。マルクスらが夢想したように、資本主義という合理化過程が技術革新によって、労働者を解放するのではありません。労働者は放逐され、不要化するのです。なれしたしんだ職場をおいだされ、つぎの現場（かなり劣悪な）に適応しなければ、ホームレス化の不安がせまる。そういった地獄のような変動です。一方、同僚をきりすてる職場で「いきのこった」層も全然安泰ではありません。これまで以上に労働密度をあげつつBuisiness（いそがしい状況）をつづけるよう圧力がかかります。以前とおなじ労賃をえるために、質・量両面での超合理性を追求する運動をせまられる。ふみこみをおこたれば、すぐさまたおれる、のぼりざかの自転車のように、しかもドンドン逆風がつよくなっていくように、奮闘が際限なく要求されます[12]。そのあげく、つぎの「リストラ」対象かもしれないのに。

12　さきに、「スタンデイング・スティル」という曲乗りにふれたが、急坂で静止姿勢を維持できる名人は例外的なのでは。市場環境が悪化している業界で「スタンデイング・スティル」は不可能だろう。

2-4
マクドナルド化の普遍化

　前述した「マクドナルド化」(ジョージ・リッツァ) は、セルフサービスやマニュアル化をふくめた徹底的ローコスト化をすすめた運動として、外食チェーンにとどまらないサービス業をおおうようになりました。ローコスト化が本質的に単位時間あたりの収益追求を内在させている以上[13]、行列する客に対してはともかく、接客や

13　社会学者ジョージ・リッツァは、「マクドナルド化する社会」をえがく著書の前半で、モデルの基盤となった本家「マクドナルド」の作業工程にふれている (リッツァ=正岡ほか訳, 1999：71-9, 167-71)。経営者たちが、なぜこのような加速化をすすめる合理化 (「効率化」) にこだわるのかといえば、単位時間あたりの収益をあげるためにほかならない。たとえば平均時給 850 円しはらっているスタッフが 10 名いて、その 1 時間にいくらうりあげ、いくら利潤がでたか。そのつみあげで、日月年単位での収益がもたらされると。なぜ、単位時間あたりの収益をよりおおくあげるかといえば、投資家の期待 (欲望) にこたえないと、自分たちの地位があやうくなるからだろう。
　そして、さらにいえば、かりに平均時給 850 円スタッフ 10 名を繁忙時間帯に確保するということは、おそらく一時期に数十名のアルバイターを恒常的に確保することを意味する。数十名のアルバイターを何か月といった研修期間をへて養成していたのでは、それこそ平均時給 850 円をしはらっての採算があわないということになりかねない。必然的に、マニュアル化や、アルバイターの「促成栽培」が必要とされる。人件費は、単に時間給にとどまらず、どのくらいで、「おにもつ」状態を脱して一人前のスタッフとして「戦力化」できるかの速度もこみなのだから。
　たとえば、日本マクドナルド社のばあい、「マニュアルには、あらゆる仕事に関して「何を、どんな手順でやればいいのか」だけでなく、「なぜそのやり方が最善なのか」という行動の背景や理念も説明されている」そうだし、「クルーとクルートレーナーはこの徒弟制の間柄」にあって「最初はつきっきりで教え、徐々に関与を減らしひとりでできるように見守

56

厨房をつとめるアルバイターに加速化圧力がかかるのは、さけられません。一時期の話題づくりにすぎなかったり、そもそもムリがあって恒常的な制度化はなりたたないような「加速化」現象もあります。たとえば、「注文後30分以内に配達」をうたう宅配ピザ[14]と

> る。親が、補助輪を取った自転車の乗り方を子どもに教えるような感じだ」だそうだ。また、「努力を重ねると、企業内大学であるハンバーガー大学で正社員とほぼ同じプログラムを受講でき、試験に合格すれば店長に匹敵したポジションであるスウィングマネージャーに昇格することもできる」といった、熟練度やマネージメントの次元での能力開発も制度化されているようだ（みたて2011）。「儲かる現場 【教育】──15時間で未経験者を戦力化」（ライノス・パブリケーションズ, 2007）という業界誌には、「マクドナルドは新人パートを十五時間で速成している。一日当たりの労働時間が四～五時間として三日間。二日に一度の出勤で約一週間」という驚異的スピードのカラクリがあかされている。
>
> しかし、しにせの日本料理やフレンチレストランでの修業が、マクドナルドのアルバイト店員のように「促成栽培」されることは、今後もないだろう。そして、それら、しにせ飲食店の人材育成法が、マクドナルドなどファストフード店にくらべて、時代錯誤で非合理的なものばかりのはずがない。また、バリスタ／バールマンがはたらくイタリアの「バール」はファストフード店だが、エスプレッソなどノンアルコール飲料やパニーノなど軽食についての広範な知識をもち顧客のニーズに対応するスタッフが一朝一夕にできあがるはずがない。
>
> さらには、あえてマクドナルド化時代に逆行するかのように、「効率そっちのけ！ 日本一"顧客思い"のクリーニング店」といった、大規模化・合理化に抵抗する業者もいる（すずき2013）。

14 「かつてドミノ・ピザでは注文後、30分以内に配達先に到着出来なければピザ1枚につき700円を返金するというお届け時間の約束があったが、「30分以内」を厳守しようとする配達員の無理な運転による交通事故の可能性、住宅事情の変化から30分以内に配達できない実例などが増加してきたことなどから、現在は実施されていない。
　2012年関東圏すべてのチェーン店で前出の30分以内配達ルール（ドミノピザでは遅配した際は天候や交通事情等に関わらず、無条件で次回以降

か、ハンバーガーショップで1分以内に注文品を提供する[15]、といったものが代表的でしょう。なかでも、外食産業は、過当競争による乱売合戦からぬけだしづらい構造にはまっています。量をこなさないと利潤がでないしくみが「商法」の基本なわけで、松下幸之助が「水道哲学」[16]となづけた家電製品の価格破壊志向と同質の商法を、飲食業で徹底したものです[17]。回転率極大化による薄利多売商法で

  利用できる500円割引チケットを配布していた＝これを目的として土日・荒天日にオーダーする顧客も多かったとのこと）は、主に東京都多摩東部の住宅街を中心に配達員の道路交通法に違反する運転が警察当局・地元自治体・議会などで問題となり、特に周知のないまま8月には完全に消滅した。」(**ウィキペディア「ピザ」**)

[15] 「日本では2003年、昼のピーク時間帯（12:00～13:00）において商品の受注から、注文の多少に関わらずレジ入力後1分以内に提供する「チャレンジ！60秒サービスキャンペーン」が展開された……。時間内に提供できなければ、ポテトかコーラの引換券を添付した……。商品の注文点数にかかわらず時間は1分間一律だったため、セットメニューなどを注文すると1分以内に用意できない事例も発生した。……」(**ウィキペディア「マクドナルド」**)

[16] 「……水道の水のように物資を潤沢に供給することにより、物価を低廉にし消費者の手に容易に行き渡るようにしようという思想……」(**ウィキペディア「水道哲学」**)

[17] リッツアは、『マクドナルド化する社会』2章「マクドナルド化とその先駆者たち」で、「官僚制」「ホロコースト」「科学的管理法」「作業ライン」「プレハブ式」「ショッピングセンター」などをあげている（リッツア＝正岡ほか訳, 1999, 2008）。リッツアの「先駆者」（前史）の列挙につけくわえるべきものとしては、この松下幸之助の「水道哲学」と、もうひとつ、ベル／ランカスターによる「モニトリアルシステム（助教法）」というティーチングアシスタントを活用した一斉授業方式（リッツアの「みおとし」）という現在の公教育の基盤となった手法もあげるべきだろう（やなぎ2005）。ちなみに「モニトリアル＝助教」という表現は、ティーチングアシスタ

ある以上、労働者を消耗品としかあつかわないのはもちろん、実際のところ利用客さえ、「匿名性」に象徴される量的存在＝流体にすぎない宿命をしょわせているのです。

　富裕層は、「マックジョブ」と蔑称される職種を当然さけるし、そもそも宅配ピザや低価格帯の外食を利用しないでしょう[18]。しかし、宅配便をいっさい利用しない家庭は皆無といってもいいはず。Amazonなどによる配本はもちろん、中元・歳暮などは、うけりてだけではなく、おくりてとしても利用するでしょう。これらのサービスは、宅配ドライバーが勤務時間中全部行動を捕捉されていて、降車後つねにかけずりまわっている労働条件がささえています。いつ昼食や間食をとっているのかと、いぶかしくなるような、ピッチ上のサッカー選手をおもいおこさせるような過密で過酷な勤務体制です。アマゾンジャパンの物流倉庫現場を暴露したルポ（よこた 2010）がえがく過酷な労働条件をベースとして、ネット販売最前線（通販サイト）は、でいり業者としての宅配サービスのドライバーを徹底的に加速化圧力で搾取するかたちで成立しているし（たとえば、前述したような「マルチタスキング」をくりかえすかたちで）、利用者はかれらの犠牲のうえに利便性を謳歌しているのです。

　宅配サービスの利用者の一部は、たとえば、ゆっくり「リアル書店」にでむいて背表紙を検討する時間などないなど多忙層かもしれません。しかし、すくなくとも、宅配のかたちで中元・歳暮などを自宅でうけとる家庭が、宅配ドライバーをかけずりまわらせない

　　トを意味し、現在文部科学省が大学教員の職位として（教授／准教授につぐ）「助教」という身分をつくったものとはもちろんちがう。
18　仕出し業やケータリングなどの提供物・サービスは、かなり高級なものが用意されているようで、富裕層は相当利用していると推定される。ただ、この領域は、はやさよりは、質と便利さだろう。

2章　おおきく、おもたく、永続しようとする存在から、ちいさく、かるく、流動消失しようとする存在へ

と、日常生活にさしつかえるような多忙層とはとてもおもえません。やはりここでも、「かけずりまわる労働者」と、「また宅配業者がきた」と迷惑そうに玄関にでる利用客の対比にみられるような、時間的余裕の階級差のようなものが感じとれます。

2-5
誇示される時間的ユトリと格差社会

　もちろん、時間的ユトリがあること自体は、おもにをせおっていないことなどとならび、「のぞましい状態」です。しかし、誇示的消費がしばしば経済的ユトリの誇示であると同時に、時間的ユトリの誇示でもあるように、時間は金銭と互換性があるとみなされる希少財です。このことについては、社会学周辺はもちろん、ビジネス関係者も自覚的でした。たとえば、経済評論家の勝間和代さんなどは、「男性の希少資源は経済的資源とか時間的資源」なのに対して、「卵子の数が限られている女性の希少資源はセックスなので」「双方の希少資源を交換するのが、一般的な結婚」(かつま2011:149) といった分析をしています。現代の経済先進地域の男女は、かならずしも家系存続のために一緒になるのではなく、性的結合自体多義的ですが、女性の産出する卵子にかぎりがあり（総数的にも期間的にも）、一方男性が経済的戦士であることが自明視される近現代では「ビジネス」というかたちでしか集金業務はままならない (まき・ゆーすけ2003:290-2)。ネット上の投資家であれ、投資行動中は「ビジネス」状態でしょう。だからこそ、育児参加はもちろん、つまのグチ・世話話・なやみなどをきくこと＝時間的ユトリが希少財になる。そして、依存症などにならず、健康管理のためにジムにかよったりランニングしたりできるだけの時間的・精神的ユトリもかかせない……。こんな感じです。富裕層の誇示的消費ないし自明視された美学のひ

とつが、体形維持であるのも、ジムにかよい、食餌制限をじっくりできるだけの時間的ユトリとは、そもそも経済的ユトリの産物であり、体形格差が経済格差の産物＝象徴であるのは、ごく必然的でした。カネか時間か両方とも欠落するかして、脂肪分がすくない食材、脂肪分をそぎおとす、てまひまかかった調理など、健康的食事などムリがある。大衆社会での富裕層は、体形維持にしろ育児にしろ、「てまひまかけるだけの経済的・精神的ユトリがあります」と、地味にオシャレを誇示するわけです（高級牛肉などで肥満化するような時代錯誤的権力者たちも依然としてなくなりませんが）。そして、この時間的ユトリと経済的ユトリという異質な希少財をめぐる相互のりいれ、交換過程は、たとえば宅配便やバイク便・自転車便など高速サービス＝利便性を余裕で利用する（金銭購入する）富裕層の時間的ユトリといった、格差としても残酷に構造化しているといえそうです。

　ネット社会への危惧について、さきにふれましたが、情報工学の専門家は、ネットが超合理的に便利であるがゆえに、格差が拡大する一方だと、社会学でいう「マタイ効果」が不可避的に強力に作用するメカニズムを警告します（たかだ2013）。技術革新にはたらく「ムーアの法則」は、大衆ないしエリートにおける情報格差をちぢめるよりは、むしろ拡大する方向に作用し、のぞましくない現象も拡大・加速化する。それは、80年代・90年代からすでに、批評家ポール・ヴィリリオや心理学者シェリー・タークルらが「加速」化を問題にした論点ですが、21世紀にはいって、かなり明白なかたちで浮上したとおもいます。もちろん、識者たちも充分自覚的なとおり、グローバル化と同様、情報技術の進展をおしとどめるような反動は、現実的に不可能です。しかし、現実におきている「加速」化が「なるようにしかならない」と、完全放置のままで問題ない圧力でなどないことも確実です。

3章
「待子サン」たちの時間
：加速化のなかのジェンダー変容

本章のあらまし

19世紀欧米社会に出現していたとおり、資本主義的な生産拡大と文物の大量高速輸送は、現代社会が提供する有閑階級たる女性・児童への「贈与」といえる。そんななか、ケア労働を私的にこなすことに終始する（＝生活資金調達のために奔走することはない）女性たちは、「人生」全体が誇示的消費とさえいえる。かのじょたちは、「ビジネスマン」たちの「銃後の妻」であるだけでなく、児童・高齢者・障害者やボランティアの対象となるさまざまな社会的弱者へのケアや感情労働を生活の中心においている。それは、サッカーなど団体球技でいえば、ゴールキーパーやセンターバックなどディフェンダー的位置にある存在といえよう。かのじょたちは、就寝中もふくめ「常時臨戦的待機モード」をいきているのである。しかし、かのじょたちは生活資金調達のために奔走することはないがゆえに、「母親」的な時期をしのいだあとは、趣味や些事にだけうつつをぬかすような有閑マダムの劣化コピーのごとくとみられることさえある。すくなくとも、フェミニストの一部やミソジニストからは、育児を口実にして「ラクで豊かな」生活にとどまろうとする寄生虫的存在にみえる。男性たちが資本主義というアリーナでくりひろげる経済戦争や、前近代の過酷というべき家事労働との比較で、あそんでいる身分に位置づけられてしまうのである。内職としての「テレワーク」などで搾取される女性たちをみれば、女性たちが家庭からでられない理由は、なまけているのでないことはあきらかだ。ケア労働に拘束され「常時臨戦的待機モード」をいきている女性たちをあしざまにいうことで、技術革新がもたらした「余暇」の一方的享受者であるかのような錯覚が、はびこっている。

3-1
「常時臨戦的待機モード」というポジション

　前章の最後では、加速化するサービスにみる経済格差を検討し、そこでの有閑層のなかの女性たちを「誇示的消費」の典型例としてとりあげました。この象徴的な存在を男性学的に検討するなら、集金業務にいそしむ男性（ビジネスマン）の誇示的消費としての、オンナ／コドモ／としより、という構図として理解できそうです。

　たとえば、マーケティングが女性周辺の奢侈品に着目してきたとおり（経済学でも、ゾンバルトのような存在があったように[1]）、カネもち／時間もちの女性ほど、大量に消費してくれる層はないからです。富豪男性など、大衆社会の外部にある存在は考察から除外しますが、かれらも、おおくは誇示的消費の一部として、配偶者や愛人の奢侈に蕩尽してきました。現在では、大衆社会にあって、時間的格差は、成人男性とそれ以外という構造をもち、とりわけ富裕層のばあい、婦人と未成年とが、保護対象としてユトリの誇示装置として動員されるのです。ブルジョアが黒服をきつつ愛人たちのきらびやかなドレスの「額縁」たらんとしたように、ブルジョア男性たちは、禁欲的なビジネスでえた利潤のうち、家産の維持以外の「役得」として、社交界で愛人を誇示するという象徴的ゲームに興じましたが、現代の富裕層の男性は、もうすこし地味に、そだちのいいつま、そだちのいい子息・令嬢の保護者として、プチ男爵家末裔みたいなイメージをトレースしようとしているのだとおもいます。それは、宅配ドライバーやアマゾンの倉庫で「コマネズミ」のように疾走させられる「アスリート」たちの犠牲的献身のうえにさいた

1　『恋愛と贅沢の資本主義』（ゾンバルト＝金森訳, 2000）。

「生花(せーか)」といえそうです。それは、ちいさくうつくしいかもしれないけれど（たしかに悪事ははたらいていない）、無数の献身的労働がなければ絶対に成立しない、時間的ユトリであると。

一方、いわゆる専業主婦は（東アジアやドイツ語圏などで特に顕著な性別役割分業意識[2]ですが）、家族全員（ペットや観葉植物などもふくめて）に対するケア・ワーカーなのだと位置づけられてきたとおもいます。家事・育児・介助・看護……と、ありとあらゆるケア行為を対人（動植物）的には感情労働として（性愛的対応もふくめて）、対物的にも、室内・室外を衛生面もふくめて清潔で安全な空間として維持する行為に愛情がこめられることが前提とされている点でも。こどもや老人、そして日本なら夫までつかう「ママ」とか「（お）かあさん」という呼称に付随する感情は、おおくが全面的な依存心（「あまえ」）そのものであり、無償の感情労働としてケアを期待するものといえないでしょうか。究極的には、自分の心身の状態を二の次にして乳幼児に対応する「ママ」として、「あまやかし」が血縁者に暗黙のうちに前提とされているのです。戦後のホモソーシャルな日本社会であれば、飲食店をきりもりする「ママ」は、まさに非血縁関係での擬制的家族呼称という現象ですし、そこでの心理メカニズムは、際限ない「あまえ」を要求しかねない成人男性たちの依存性です。

このような心理的風土にあっては、主婦は「なんでも屋」になるほかありません。老人のはなしあいて、障害者の世話をふくめたケア労働はもちろん、PTA活動や受験をはじめとした学校文化や「な

---

2 「オトコはソトまわり、オンナはうちまわり」といった保守的な男女意識が東アジア各地やヨーロッパのドイツ語圏でつよいことが、専業主婦率のたかさや、男尊女卑的な価値意識の反動で非婚化・少子化の遠因になっているとの指摘が以前からある。

らいごと文化」が日々いろいろ要求してくる雑事、通院・通学・通勤をふくめた送迎、配達物や来訪者への対応・待機、ゴミ集積場や街路・公園など共有空間の整備……。「たちばなし」や「電話」のながさが、よくわらいものになり、そのヒマさ・ラクさを揶揄して、「三食昼寝つき」などという非現実的な矮小化バッシングがありますが、すくなくとも平均的な主婦は、かなりの質・量の労働ないし待機・対応をせまられるのが普通です。2000円以上のランチを優雅にすごす主婦たちとか、料理教室やヨーガ教室など、時間的ユトリを謳歌する女性たちが実在する一方、おおくの女性たちは、きぜわしい生活をおくっています。美容室や飲食店や小物雑貨店の待機時間が、単なる「ヒマ」ではなく、まさに待機労働であり、接客中にはできない、さまざまな「しこみ」／メンテナンスなどの準備がすすめられているのと、本質的にはおなじです。経営者などの監視がないとはいえ、「てぬき」は、さまざまな問題を後日発生させる宿命にあるわけですし。それが証拠に、PTA役員などの経験者が、家事をおろそかにするしかなく、家族から不満がふきだしたり、しばしば体調をくずしたり、すくなくとも趣味を1年間封印するのは、ごくあたりまえだとかを、かんがえればいいでしょう。そして、実際問題、主婦が病気になったばあい、たとえば長期入院というかたちで家族による看病が不要になったばあいでも、家族のおおくがシワよせをうけるのが普通です。

　「一家の大黒柱」などと、成人男性をもちあげる、ふるくさい表現がありますが、かりに家計をささえる収入源が確保されても、主婦の家事労働その他広義の「メンテナンス」が不在になったとたん家庭内が崩壊寸前になったり、殺伐としたりする以上、かなりの家庭では「主婦こそ大黒柱」です。そして、家族全体のことをかんがえるなら「ゆったりかまえていないといけない」のが主婦。なぜなら、主婦が「ゆとり」をうしなったら、依存している家族全体がパ

ニックになりかねないからです。救急病院のように「有事」にそなえて、万全の態勢で「待機」。これが理想です。しかし、実際の主婦は、大体がきぜわしい。とりわけ10歳未満の児童をかかえる主婦はかなりいそがしい。それが実態です。

　これは、「主人」（商店主などでなくても、しばしばつかわれる）が、サッカーでいうなら「フォワード」に位置するとすれば、「主婦」は、「センターバック」や「ゴールキーパー」に位置することを意味しています。対外的に積極的にうってでないと「集金業務」はできません。しかし、苦境におちいっているときに必死に節約・節制などにつとめないかぎり家計は崩壊です。「フォワード」が「得点」シーンをえるためには、後衛からの適切なパスが必要です。また、「フォワード」が献身的でなく、「有事」の芽を早期につみとるような努力・配慮ができないばあいは、なおさら後衛は必死に自陣を死守しなければなりません（ギャンブルや趣味、嗜好品、投資などで浪費してしまうタイプなど）。家計の維持や栄養管理などはもちろん、財産管理などの相当部分までも長期展望にたって構想し、通勤や通学・通院などにむかう家族を後方からささえる。それは、東アジアやドイツ語圏など保守的な性別役割分業社会では、ごくあたりまえに成人女性たちに期待される責務だったのです。そして、だからこそ急病だとか「有事」の際のために、つねに万端の「待機」モードという点で、ゴール（致命的危機）にたちはだかる後衛というポジションと酷似してしまうのでしょう。主婦層が総力戦体制下、後方支援をになう、「銃後の妻」とよばれたのには必然性があったし、戦時体制がおわって「経済戦争」になれば、経済市場という前線でせめぎあうホモソーシャルな「闘技場」を後方からになうのは、主婦たちだったと。

3-2
主婦層＝有閑層という敵視・非難

　もちろん、こういったスケッチには、強力な批判が予想されます。実際、一線ではたらく女性たちを応援してきた論者からはつぎのような指摘がでています。

>　……マジョリティとしての日本の「素直な子どもたち」（をそだてた―引用者注）母親たちの多くは、子育てのため32、3歳という働き盛りに職業生活から身をひき、その後のほぼ10年を子育てに費やした人々である。そしてその後労働生活に戻るとしても、本当の意味で「生きがい」となる仕事を手に入れることはほとんどない。そしてそのことに大きな不満を抱いてもいない。それというのも、意識的にせよ無意識的にせよ、自分の「本業」はあくまでも子育てにあると思っているからだ。
>　日本には今、パート的労働にたずさわる中年女性の大群があふれている。そしてそこにはしかるべき大学の、大学院まで卒業した女性が、お弁当屋さんでおかずの詰め合わせをして働いているという現実がある。
>　それゆえ夫の収入だけで十二分に暮らせるとしたなら、彼女たちは当然、「働く」よりも他の文化活動に自分を振り向ける。旅行や、習いごとや、生協の活動や、学問や、スポーツや、ダンスや、囲碁将棋など、世は商業主義やグループ活動の隆盛とともに、彼女たちの興味をひく活動であふれている。
>　『わいふ』が1980年と1999年、19年の間隔をおいて試みた「主婦の自己活動」に関する二度のアンケート調査は、その実態を描きだした。
>　……彼女たちの「働きたい」という言葉の背後には、「通勤に

時間とエネルギーがとられず、できたらかっこよく、興味の持てる仕事、子どもの帰宅時間には家にいて『お帰りなさい』といってやれる仕事、そして残業がない仕事」という願望が控えている……。逆に給料に対する望みはごくつつましく、時給800円から900円をあげる人がもっとも多かった。思えばこれも当然のことで、彼女たちは結局のところ、「お金のために」働く必然性がない人々なのである。そしてそういう人々には「働く」ということにつきまとうつらさを乗り越えようとする意欲がない。

　彼女たちが何より恐れているのは、自分が仕事につくことによってそれまでの生活に変化が起こること、とくに子どもに不便な思いをさせることで、自分の「仕事」が家族に迷惑をかけるなら彼女たちはむしろ働かないことを選択する。

　……「母親である自分」こそが彼女たちの「本業」であり、「生きがい」でもあるからなので、仕事の比重はそれに比べればいわば余暇利用の一種であるからだ。

　母親たちは、自分が家にいて子どもの面倒をみればこそ、子どもが健康に育つ、と思い込んでいる。この点に関しては、30年前、20年前そして現在も、母親の意識はほとんど変化していない。子どもをめぐる異様な犯罪が増えつつある今、彼女たちはますますこの考えを固め、「やっぱり私が家にいないとね」と互いにうなずきあっている。

(たなか2007：175-9)

　ここに引用した文章の筆者（雑誌『わいふ』もと編集長）は、育児にかまけすぎ、育児依存症ともいえる心理機構が、結果的には育児を構造的に失敗させ、自殺やリストカットなど自損行為や、うつ・ひきこもりなど、さまざまな不適応をもたらしているのだ。オンナたちよ、育児におぼれず、社会に貢献して自己実現をはかりながら育児を成功させよう、と、認識の修正をせまり、鼓舞している

3章　「待子サン」たちの時間：加速化のなかのジェンダー変容　　**69**

わけです[3]。一見、せいぜいパートタイマーとしてしか職業空間にでない主婦層を一方的に非難しているようにみえますが、そういった主婦層を構造的に搾取することで成立してきた、戦後日本というオトコ社会の卑劣さをあわせて指摘しているのですから、単純な主婦層糾弾ではありません。

　……「真の仕事」を持つことが男性にのみ許され、女性には閉ざされているところに、この国の母親の抱える最大の問題がある。夫たちはひたすら「仕事」に生き、家庭を妻と子に明け渡して、「家族という地球」の周囲をめぐる月のような存在になってしまう。夫婦二人で支えるべき家庭は、こうして母親が子どもを抱え込んで閉じこもる場となってしまう。

　家にいて妻と顔を突き合わせ、家庭責任を背負うよりも、会社で働いているほうがラクだ——これこそ日本の男たちがこれほど長い間、不平ももらさず「長時間労働」に従事している真の理由ではないだろうか。

　……

　女性は出産で職場を離れる。

　子育ては彼女が一手に抱え込む。

　子どもの手がはなれたら、低賃金のパートに出てもらう。

　そのかたちで10年から15年働いた後——高齢者介護の担い手としての役割を果たしてもらう。

　「育児」→「パート」→「老人介護」。これが、日本の政治家が女

---

[3] 「子どもをめぐる異様な犯罪が増えつつある今」というのは、統計にもとづかない俗説だ。社会学・教育学周辺では、再三批判にさらされ、事実上「反証」されたも同然のイメージであり、複雑な気分にさせられるが、ここでは、ふみこまない（後述）。

たちに割り当てている「一石三鳥」の政策である。

……

「在宅ケア」というと聞こえはいいが、それは主として、高齢者が家族の誰かの厄介になって生きているという意味を持つ。そしてその役割を期待されているのはほとんど、家のなかにとどまっているヨメか実の娘である。

女性たちのこの「役割」は、彼女が「主婦」として生きる「男は仕事・女は家庭」の、まさに延長線上にあるものであった。そしてこの役割が、その引き受け手に非人間的な過重労働を負わせていた時代、女たちの反発は大きかった。

しかし今やこの生活は、女性にこれまでにない安楽な生活を保障するようになってきた。この状況のなかで主婦として、母として生きることを選ぶことに、たいていの女性は反発を感じなくなっている。いや、そればかりか、その生活を正当化しようとする。

彼女たちの「母親役割」の過度の強調は、それが背後にこうしたモティベーションを隠しもっているからである。そしてこの傾向は、マネーゲームで世間を騒がせたホリエモンのような人物にあこがれる若者の人生観と同一線上にある。

……

政治家たちが、現在のシステムにしがみついているかぎり、母親たちは夫ひとりを働かせ、「子育て」を口実に「ラクで豊かな」生活にとどまろうとすることだろう。

その母親の姿を見る娘たちの心も、同じ頽廃に引き込まれる。そしてそうした女性を見る男たちは、結婚拒否症に傾いていくだろう。すでに統計上、その傾向ははっきりとしている。

万事が悪循環のなかにある。　　　　　　　　　（たなか2007：205-8）

注意したいのは、この文章の後段のタイトルが「政治が拍車をかける女たちの頽廃」という攻撃的な表現である点です。女性たちの労働力をつごうよく搾取する政治家をはじめとするオトコ勢力の暗躍、てぐちへの怨念は充分理解できます。そのとおりでしょう。しかし、主婦をあたかも均質的な属性であるかのようにみなし、「夫ひとりを働かせ、「子育て」を口実に「ラクで豊かな」生活にとどまろうとする」という記述は、批判というより感情的非難にしかみえません。

　社会学の教員として、それなりの期間をすごしてきた人間からすれば、かりに、うえのような論理構成で学生がレポートを提出したら、高得点はだせません。いや、何十年も、女性のはたらきかたをみつめてきた女性編集者が、こういった認識にたって主婦をはじめとした女性を「なでぎり」にできてしまう現実が、失礼ながら非常にかなしくおもえます。理由をいくつかのべます。

　そもそも、「夫ひとりを働かせ、「子育て」を口実に「ラクで豊かな」生活にとどまろうとする」と断じることができるような女性たちが人口の大半をしめているとは、到底かんがえられません。たとえば、「ラクで豊かな」生活とやらが、そんなに一般的なら、「約6人にひとりの子どもが貧困状態にあると推定」される[4]といった経済格差をどう説明するのでしょう。母子家庭の貧困率が極度にたかいのは事実でも、「6人にひとりの子どもが貧困状態」といった構造を母子家庭だけに還元できるはずがありません。「貧困ながらも専業主婦でいる子育て女性」が全国で55万6千人、「貧困ライン以下の家庭が12.4％」といったデータをどうとらえるのでしょうか (た

---

[4] 国立社会保障・人口問題研究所部長　阿部 彩「子どもの貧困　日本の現状は」(NHK『視点・論点　解説委員室』2012年06月05日, http://www.nhk.or.jp/kaisetsu-blog/400/122784.html)

けのぶ2013：69)。

　また、「夫ひとりを働かせ、「子育て」を口実に「ラクで豊かな」生活にとどまろうとする」と断じることができるほど、家事・育児が「ラク」なのか疑問です。

　筆者は、さきに紹介した1999年の『わいふ』誌でのアンケート調査をもとに、「軽減した家事労働」という結論をくだしているようです（たなか2007：182-6)。そして、その基盤となる労働観は、つぎのようなものなのです。

　　　　農家のおかぁちゃんは畑に出かけて野良仕事をする。漁師の妻
　　　は夫とともに網を引き、彼が得てきた収穫を売りさばく。ときに
　　　は海女として海にもぐってあわびをとり、夫よりもはるかに多く
　　　稼いだりもする。
　　　　かつて家のなかで行う女の「仕事」として重要なものに機織り
　　　があった。彼女たちが織りあげ、縫い上げた衣服なしには、家族
　　　は「着るもの」がなくなってしまう。機を織って家族を養うのは、
　　　民話のなかの「おつう」ばかりではなく、昔の女の勤めでもあり、
　　　誇りでもあった。さらに汚れた着物を季節ごとに洗い張りし、家
　　　族のひとりひとりに不自由のない「衣生活」を保証するのも女た
　　　ちの役目であった。メシ炊き、掃除などは「仕事」の名にさえ値
　　　しない片手間仕事に過ぎない。
　　　　彼女たちに子どもにかまったり、いじくりまわしたりするヒマ
　　　はない。夜の添い寝がなかったとしたら、母親が子どもと一緒に
　　　いる時間は、現代の母親たちのおそらく十分の一にも満たなかっ
　　　たと思われる。
　　　　　　　　　　　　　　　　　　　　　　（たなか2007：78-9)

　いかに、前近代の女性が、はげしい日常をいきぬいてきたかに、あらためて感嘆させられますが、こういった生活文化の実態（第三

世界にまだたくさんのこっていますが）を比較の基準としておいて、なんの意味があるのでしょう。はっきりいって、核戦争でもおきて、人類の大半が死滅してしまったあと、つまりは、国際的・国家的なインフラなどが壊滅状態におちいったあと、いきのびたばあいなどのための、サバイバル生活にそなえる意味ぐらいしか、感じられません。

　過酷な日常生活という過去の実態と比較するという歴史的鳥瞰だけが、この筆者には、不動の基準点のようです。しかし、こういった科学技術・複製技術が未発達だった時代、基本的には現在の農林水産業の前身のようなものに人口の大半が従事していた時空は、日本列島などには、まず二度ともどってきません。そこでの過酷な現実を歴史的知識（教養）としておさえておくことは、人類学的・社会学的には有意義でも、「ラクで豊かな」生活とはなんなのかを冷静に議論する素材には全然なりません。

　たとえば主婦を難詰する論理にまぎれこんでいた、「夫ひとりを働かせ」という見解ですが、そもそも民話『夕鶴』がえがく「おつう」らがくらした時代の男性の労働条件をかんがえるなら、現代の大都市部の成人男性のこなしている労働など、「「仕事」の名にさえ値しない片手間仕事に過ぎない」ことになります。人類学的に前近代を比較対照の対象とするなら、男女、差別することなく平等にしなければなりません。かりに、「「仕事」の名にさえ値しない片手間仕事に過ぎない」のなら、それをどんなに長時間つづけようが、6時間睡眠ぐらい確保できれば、ほとんど過労死などは、おきないはずではありませんか？　過労死状態におちいった人物を軽侮する議論は、「にげればよかった」「社畜だ」といった、冷酷なものが大半ですが、「「仕事」の名にさえ値しない片手間仕事に過ぎない」ものの蓄積だけで「殉職」してしまう層など、さぞやバカものなのでしょう。

結局この筆者の論理というのは、「母子密着」という、過剰なあまやかしにおぼれている、おろかな女性たちという、「結論」が最初からあり、猟奇的な少年犯罪などの一部も、確実にそういった構造の産物なのだと、筆者は信じてうたがわないようなのです[5]。有害

5　『戦前の少年犯罪』という詳細な犯罪史の啓発本のカバー・コピーは、「現代よりはるかに凶悪で不可解な心の闇を抱える、恐るべき子どもたちの犯罪目録！」という、おどろおどろしいものだ（かんが2007）。過剰な育児になどかまけることが不可能だったはずの、大半の母親たちが、まっとうな育児をしていても、猟奇的な犯罪はなくせなかったようだ。日本列島の生活文化は、たとえば漢字かなまじり表記をはじめ、世界でも突出した独自性をもつものがすくなくない。しかし、戦後の日本の母子関係に、すべての問題を還元しようとする筆者のような論理構成は、そもそも基盤から破綻しているのではないか。
　そして、非常に気になるのは、筆者周辺が共有しているらしい犯罪観の不気味なかたよりだ。たとえば、「学校に殺人鬼が入り込んで子どもたちを凶刃のえじきにし、近所の主婦が顔見知りの小学生を家に誘い込んで殺し、外国人労働者が下校途中の少女を襲う現実は、母親が「家にいて」も防げない」（たなか2007：195）といった列挙のしかたは、慄然とさせられる。大量殺傷事件や猟奇的な殺人事件の相当数には、複雑な背景があるはずだし、「外国人労働者が下校途中の少女を襲う現実」といった属性のあげかたは、あたかも「外国人労働者」が周囲の日本人男女よりも格段にハイリスクグループであるかのようなミスリードをおかしている。散発的な事件発生に過敏に反応する点などは、想定読者層を推定しても、実数や人口比、発生頻度などをふまえない、非常に危険な論調だとおもわれる。
　また、「最近は親による児童虐待が増え、2006年上半期では統計を取りはじめて以来、最高の128人、死に至った子供は28人とこれも二番目の高さと言われている。何という不幸な子どもたちであろうか」（たなか2007：159）といった俗論さえも無頓着にのべている。暗数であるとか、認知件数の増加傾向だとか、およそ社会科学的なセンスは、欠落しているようだ。被虐待児童の悲劇は、富裕国のなかにある、経済的・心理的貧困という、「豊かさの中での貧困」の典型例なのであり、筆者がうたがっていない育児文化の変動だけに還元できるはずがない。

3章　「待子サン」たちの時間：加速化のなかのジェンダー変容　　75

無益で過剰なケアは、家事労働全体の負担が劇的に「軽減」された現実のもたらしたバブルとでもいいたいのでしょう。なにしろ、電化製品が大衆社会に定着する以前の前近代の家事の相当部分が「「仕事」の名にさえ値しない片手間仕事」だそうです。筆者からすれば、パート労働などで社会にでていかない主婦は、家庭と周辺地域のなかで、ただ「ラクで豊かな」生活という、あそんでいるようなものでしょう。パート労働などが「余暇利用の一種」として位置づけられているのですから、家事はもちろん、育児さえも、しごとをしているフリないし錯覚、というのが筆者のホンネでしょう。しかし、男性たちを中心に現実化している過労死や過労自殺が、科学技術によって軽減されるどころか、かえって深刻化しているようにみえるのと同様、「軽減した家事労働」という表面的な構造は、物理的な労働強度はともかく、心理的負担や時間的拘束といった、さまざまな要因をていねいにみていったときに、「ラクで豊かな」生活といった、単純化をゆるさない現実があるのではないでしょうか？

　そもそも、そんなに家事全般が「軽減化」され「ラク」であるなら、アルバイトをふたつかけもちしているシングルマザーが、単なる困窮だけでなく、心身ともに疲弊しているといったことがおきるでしょうか？　欧米などの男性とちがって、夫が家事のにないてとして（質・量ともに）全然はしらになっていない、といった不満が女性がわからでているのは、単なる、女性たちのあまえなのでしょうか？

　むしろ、男性が職業生活などをとおして常時かけられている心理的圧迫感とは別個に、職業生活を中軸におかない女性たちもおいたてられる心理的圧迫感があるとかんがえるのが自然でしょう。すでにのべた「待機労働」の問題や「感情労働」を前提にしたケア・ワーカーという側面。さらに、下降移動（リスク）回避の姿勢など経済階層上の序列あらそいにともなう、将来不安とか圧迫感。「受

験・就職・結婚など、広義の育児結果が母親の通信簿」といった、同性同世代間の競争メカニズム。……

　もちろん、託児施設などを最大限に活用するほかない、ともばたらきカップルとか、シングルマザーなどは、こうった煩瑣な課題に没入する心身上、時間上のユトリがないことが普通でしょう。日常生活をまわしていくこと、通勤や送迎などをふくめた広義の職業生活に埋没することで、みじかい週末など以外には「雑念」がおきようがないかもしれません。しかし、すくなくとも、託児サービスや祖父母などがになっている育児時間というケアワークは、直接の保護者が、他者に代行させることで「かんがえなくてよい」時間帯を確保しているだけで、ケアワークが不在・不要になったわけではありませんよね。「家事はもちろん、育児だって、没入せずに軽減することができる」というのは正論でしょうし、「没入・依存することで心身にムリをきたし、あるいは育児で問題を発生させるよりは、他者のサポートをおもう存分活用すべきだ」という認識にも異論はありません。しかし、専業主婦全体を、「一人相撲」をとって最悪の悪循環をまねきいれている、バカものであるかのような断罪をおこない、日本列島の戦後史をそこに代表・還元してしまうのは、知的野蛮でしょう。高齢者をふくめた障害者がいきていくためのケアワークを、全部他者まかせにすることは不可能です。まして育児にいたっては、イスラエルのキブツや、ヤマギシ会のように、保護者から分離させるような共同保育でことがすむとは到底おもえません。プライバシーをともなった、プライベートな時空が、かならずともなうからです[6]。技術革新によって、あたかも主婦的・家政婦的なケ

---

[6] もちろん、全身性のマヒをともなった重度の障害者や病者など、独居かどうかはともかく、家族のサポートにすべてをゆだねることが困難なケースなど、プライバシー概念は、実は複雑だが、ここでは、ふみこまない。

アワークが問題にならないぐらい軽減化・消失したかのような乱暴な議論は、現実に即さないものです。政策上の改善案に資することがないだけでなく、多様な条件をかかえている当事者たちを、いたずらにせめたてるハラスメントだとおもいます[7]。

筆者は、戦後の後半30年間をつぎのように、ふりかえっています。

> ……70年代の終わり頃、日本にやってきた若いアメリカ男性がいった。「日本って何て変な国なんだ。夫たちは死ぬほど働いている。妻たちは死ぬほど退屈している！」
>
> 今、この言葉は半分は正しく、半分は間違っている。
>
> 夫たちはたしかに死ぬほど働いている。しかし、妻たちはもう、退屈していない。彼女たちは自分たちの好きなことをして人生を楽しんでいる。
>
> しかし彼女たちの生活を咎める人はいない。なぜなら彼女たちには「子育て」という大義名分があるからだ。(たなか2007:194-5)

この文章こそ、「半分は正しく、半分は間違っている」といいたくなります。まず、既婚男性たちはみな「死ぬほど働いている」といえるでしょうか。「死ぬほど働いている」層、「かなりユトリのある」層、「失業状態、ないしその予備軍として危機にある」層、に分裂しているのでは？ 女性たちも同様で、「M字カーブ」[8]とよばれ

---

7 家事労働の過小評価メカニズムについては、「家事ハラスメント」という概念が提出されています（たけのぶ2013）。

8 「女性の労働力率（15歳以上人口に占める労働力人口（就業者＋完全失業者）の割合）は、結婚・出産期に当たる年代に一旦低下し、育児が落ち着いた時期に再び上昇するという、いわゆるM字カーブを描くことが知られており、近年、M字の谷の部分が浅くなってきている。」（「女性の労働

るはたらきかたを女性の相当数がとっていることが巨視的にはいえるものの、そもそも「失業状態、ないしその予備軍として危機にある」層の配偶者として、必死ないし不安な「妻」たちは、かなり潜在するのではとおもいます。そうでなかったら、「約6人にひとりの子どもが貧困状態にあると推定」されるといった指摘も、うまれないはず。

　失礼ながら、『わいふ』に寄稿する層、アンケートをよせる層という女性たちの属性が、日本列島の既婚女性たちの「最頻値」的な部分でないことはもちろん、「中央値」でさえないのではないでしょうか？ 「対象者がわずか102人と少数だった」から「数量的には十分とはいえない」(たなか2007:183-4)のではなく、サンプリングによる母集団の推計という統計学的な発想が欠落したまま、調査をしたかのように錯覚し、実態とはかけはなれた「主婦」像をひねりだしてしまっただけだと。「旅行や、習いごとや、生協の活動や、学問や、スポーツや、ダンスや、囲碁将棋など、世は商業主義やグループ活動の隆盛とともに、彼女たちの興味をひく活動であふれている」といった、育児期間終了後のユトリが、どの程度の層にあてはまるのか。そういった巨視的・計量的なデータぬきに議論されてしまったのも、世代や経済階層などへの関心がうすかったからでしょう。こどもの部活動の費用や大学通学の維持のためにパートにでる「主婦」たちがいるとして、「興味をひく活動」と、そんなに簡単に両立できるでしょうか。シングルマザーのうちの貧困層などは、そもそも読者層とかさならないなど、視野からはずれていたのではないでしょうか。

　力率（M字カーブ）の形状の背景」、内閣府男女共同参画局『男女共同参画白書 平成25年版』）

さらに、男女とも正規就業者である層がへりつつある若年層には、「夫ひとりを働かせ、「子育て」を口実に「ラクで豊かな」生活にとどまろうとする」といったライフスタイル自体が一般的ではなくなっています。ひとつだけ例をあげるなら、たとえば、いわゆる「テレワーク」の一種であり、内職の21世紀版というべき「在宅ワーク」の中心的にないては主婦層です。かのじょたちが実質的におそるべきひくい時給ではたらいているのは、ひとえに家族をひとりにする時間をつくりたくない（＝家族の帰宅時間にはつねに待機していたい）という意識ゆえです (さとー2008：119-69)。しかし、かのじょたちを「結局のところ、「お金のために」働く必然性がない人々なので」「「働く」ということにつきまとうつらさを乗り越えようとする意欲がない」層であるとなじればそれですむのでしょうか。「自分が仕事につくことによってそれまでの生活に変化が起こること、とくに子どもに不便な思いをさせることで、自分の「仕事」が家族に迷惑をかけるなら彼女たちはむしろ働かないことを選択する」といった姿勢は、たしかに貧困層とはちがった「余裕」があります。しかし、かのじょたちは、あまったれた「なまけもの」なのでしょうか。かなり上層に位置する「在宅ワーク」でも月間100時間で10万円程度 (同上：158)、「回答者のうち54％は、最低賃金未満で働いている。それらの人びとの月間労働時間は88.8時間で、全体の平均よりも10時間も長い。しかし月収は2万7321円で、時間あたりの報酬に換算すれば、308円弱にしかならない」(同上：130-1)といった実情をどうみるのか。そういった経済市場の激変など、世代間の変動も、こういった著者には関心のそとにあるようです。

　こういった、多様な女性各層を除外してしまったうえで、わかい女性たちの「主婦」イメージを「あまり働かず、夫のカネでのんびり暮らし、あとの時間は自分の好きなことをして過ごす世にも優雅な身分」などと非難しても、不毛なだけでなく、女性各層のなかの

対立をいたずらにかきたて、分断する画策に無自覚に加担するだけだとおもわれます。こういった「専業主婦」像とは、経済的に自立した女性はもちろん、富裕層にない男性やシングルマザーなど経済的弱者が敵視する「有閑」イメージそのものですから[9]。

スポーツライターの増島みどりさんが取材した伝説化したゴールキーパーらの競技観のエッセンスが「防御こそ、最大の攻撃なり」だったことは、印象的です（ますじま2001：236）。家庭の守護神たちは、それこそ攻撃的防御で365日くらしているのではないでしょうか[10]。

---

[9] もちろん、シングルマザーではない既婚女性が、シングルマザーや富裕層にない男性など、パートナーをもてない男女たちとくらべたとき、経済的な安定度や精神的切迫感などにおいて相対的優位にあり、特に専業主婦としての生活が維持できている層が格段に余裕をもった部分であることは、いうまでもない。しかし、そういった、貧困層ないし準貧困層周辺に位置する不安定層を基準に、「まだまだ大したことはない」といったきめつけは、内部の多様性を無視した暴走だとおもう。

[10] 3章1節（特にp.67〉を再読。

4章
「おれさま」意識（ジャイアニズム）と、「せかす」圧力

本章のあらまし

自動車運転者たちは、道路を事実上の自分たち専用空間だとみなし、たとえば横断者を当然のようにまたせる。その心理は、トラック・バスなどのような巨大車両のもつ物理的実体（歩行者を相対的弱者として圧倒する重量・堅牢さ）がささえているものであるが、その根源は、高速移動できる技術革新そのものがもたらした逆説にある。せっかくの高速移動が、渋滞や信号機・遮断機などによって邪魔されるという被害者意識が、相対的弱者たる歩行者や軽車両などへの姿勢としてふきだすのだ。「またされる」経験、渋滞時の消耗感・退屈感などへの復讐心が、交通弱者に対するやつあたりとして噴出するという理不尽。しかし、「被害者意識ともおもえる被阻止感」は、運転者だけではなく、自動改札機で数秒あしどめをくってイラだつような心理にも通底しているものだろう。皮肉にも、人生のインフレ感を共有する、たがいに嫉妬しあう大衆は、人生の充実度競争という不毛な闘争状態にはいる。「ながら作業」などマルチタスキングや「はやおくり」「ザッピング」などの「時間の有効利用」は、多忙な人生ほど上質であるという錯覚にもとづいた省時間意識の産物だ。「カラダが資本」意識がささえる、リラクゼーション産業も、自己欺瞞にもとづいた充実度競争がはやらせている。時間意識が平準化することで、各人が孤立感をふかめるという構造は、一人相撲としての「でおくれた感」をつのらせ、たとえば歩行者のせなかをおしつづけるだろう。

4-1
道路網の実質「自動車専用道」化にみる「先着順」競争の欺瞞性・偽善性

だいぶまえに『たたかいの社会学』という本で、「優先順位」という章をかきました (ましこ2000：259-88, 2007：263-92)。人命の優先順位とか救急車など緊急車両とか、いろいろな話題をとりあげたのですが、あらたなきりくちを提起したと、ひそかに自負しているのは、たった一点です。それは、「わりこみ」問題です。「先着順」競争は、人命など究極の問題以外では、基本的に、はやめに出発したひとの優位とか、切迫しているひと同士の競争で「はやいものがち」といった、それなりに合理的な原理として秩序をたもってきました。「行列」などは、その最たるものです。しかし、こと「わりこみ」ありにして先着順をきめると、ときに不正行為までも誘発してしまうという問題が発生します。

わたしは、自動車レースで「ルール違反にならない範囲での走路妨害」を駆使することで、「平均速度のおおきさ競争」という本来のゲームの本旨がねじまげられる例をとりあげて、問題提起しました (同上)。もちろん、F1レースなどは、極端に危険なことをしないかぎり、「ルール違反にならない範囲での走路妨害」[1]をうまく駆使することは当然の戦術であり、むしろその技術のたかさこそ試合巧者の証明であり、なんらはずることはないといわれるはずです[2]。

---

1 「ルール違反にならない範囲で」としたのは、「ドライバーは故意に他の車両の走行を妨害してはならない」といった規制が、おくのモータースポーツの規則で共有されているからだ。

2 にたような発想としては、サッカーでファウル（不正行為）とされる行為スレスレを意識的に追求する「マリーシア／マリーツィア」(ずるがしこさ)

しかし、「ルール違反にならない範囲での走路妨害」が有効なのは、ほそく、まがりくねったコースでのゲームでの勝負にすぎず、別の形態ならちがった勝者がでても不思議ではありませんね。たとえば、テニスで「しば／クレー」などコートの素材で王者にかたよりがあるように、コースの種類によって極端に強弱が発生するのなら、それはゲームに普遍性がないということにすぎません。たとえば、北米でのフットボールの勝者が世界的にはほとんど無名であるのとおなじように、極端なルールは、ローカルなファンしかあつめられません。自動車レースもそうでしょう。そうなれば、「ルール違反にならない範囲での走路妨害」が有効なコースが普遍的でおもしろいという価値観も全然普遍的ではないことが、あきらかです。

　わたしがこのF1などの「ルール違反にならない範囲での走路妨害」の許容を問題にしたのは、社会のなかで「先着順原理」が、さまざまなトリックによってねじまげられ、一部の特定の集団や個人が不当な利益をえているらしい構造が、かぶってみえたからでした。要は自分たちがしかける「進路妨害」は合法的で、ほかのプレイヤーがする同種のものはゆるさないといった恣意的なルールの運用が社会では横行しており、要は先行者のあしをひっぱり、ぬかしたあとはジャマして勝利するという手法が社会のあちこちにあるらしいと気づいたのです。

　『たたかいの社会学』では、「わりこみ」の実例として、自転車運転者をクラクションなどで恐怖感におののかせることで、ぬきさる大型バスをあげました。バスは、自転車競技選手の走行でないかぎり、通常の自転車よりも最高速度がはやいのが普通ですから、ぬきさるのはごく当然にみえるかもしれません。しかし、クラクション

　　と、通底しているだろう。

でおどすなどして、車道から退避させるような威圧行為が道路交通法上ゆるされるのか、「そこのけそこのけ」モードが「先着順原理」に抵触しないかです。道路交通法の立法趣旨や、公共交通機関としてのバスの位置づけとして、先行する車道最左側の自転車の走路をかえさせたり停止させたりする権限などないでしょう。極端に危険な走行をつづけているばあいは、警告としてクラクションをならす権利がありますが、ならさずにおいこすことも可能です。極端に高速で走行する例外的自転車以外を、バスは、対向車や信号などとの関係で、すこし時間がかかることがあっても、早晩おいこせるでしょう。警告というより、イライラしてクラクションでおどしてしまう運転士は、高速移動する巨大な金属のかたまりゆえの優越感があり、その一方、きわめて弱小で不安定な走行体しての自転車利用者をイジメたい気分にかられる。……『たたかいの社会学』では、インタビューをサボったままの憶測ですが、そのように推測した心理をかきました。

　ここで、『たたかいの社会学』で問題にした「わりこみ」現象をふりかえったのは、「先着順原理」がねじまげられる過程を再検討することで、社会の加速化傾向へのあらたな分析を提起したいからです。

　これまで「わりこみ」現象をみるときに、基本的には、同一方向への「おいぬき」を前提に議論してきました。『たたかいの社会学』では、人命救助などもとりあげましたが、そこでも、「順番まち」という優先順位論である以上、イメージは「一本みちを前方に進行する」ものに準ずるものでした。しかし、「先行者」を自分のあとにいかせる、という順位変更は、「一本みちを前方に進行する」ものに還元できるでしょうか？

　よく、コマーシャルなどで、すれちがう2名が、たがいに予測をあやまり、結果的にたがいに邪魔しあってしまうシーンがとりあ

げられます。こういった状況は、基本的には、二車線道路のように「中央線」をはさんで2名とも左右にわかれてあるいていれば、おきないわけですが、そのようなはばが歩道などで確保されていないばあいに発生しますね。これは、「ゆずりあい」が「うらめ」にでるケースとして、意識されるわけですが、ゲーム論的には、「ハト派」同士の皮肉な結果という解釈ができます。では、片方、ないし双方が「タカ派」だったらどうなるでしょう。双方が「タカ派」だったら、相撲の「立ち合い」のように衝突して、力学的な「運動量」のおおきな方が基本的にかつはずです。しかし、タカ派とハト派が、すれちがえば、ハト派がよけるなり、たちどまるなりして、タカ派にみちをゆずることになります。こうみてくると、実は「優先順位」問題は、一方向的な順位あらそいにとどまらず、反対方向への進行者同士でも発生することがわかります。

　そして、おなじ構図が実は多発しているのに、ほとんど問題化しないケースは、「歩行者」による「横断」だとおもいます。

　道路交通法第三十八条では、つぎのように規定しています。

> 車両等は、横断歩道又は自転車横断帯（以下この条において「横断歩道等」という。）に接近する場合には、当該横断歩道等を通過する際に当該横断歩道等によりその進路の前方を横断しようとする歩行者又は自転車（以下この条において「歩行者等」という。）がないことが明らかな場合を除き、当該横断歩道等の直前（道路標識等による停止線が設けられているときは、その停止線の直前。以下この項において同じ。）で停止することができるような速度で進行しなければならない。この場合において、横断歩道等によりその進路の前方を横断し、又は横断しようとする歩行者等があるときは、当該横断歩道等の直前で一時停止し、かつ、その通行を妨げないようにしなければならない。

4章　「おれさま」意識（ジャイアニズム）と、「せかす」圧力

つまり、自動車は、横断歩道のところにたっている歩行者や自転車を、横断中はもちろん、「横断しようとする」そぶりさえみせているかぎり、「通行を妨げないようにしなければならない」し、そのために「停止することができるような速度で進行しなければならない」と、うたっているのです。しかし、わたしの経験では、こういったことを遵守している運転者は（交差点などを例外に）10人にひとりもいません。「横断しようとする歩行者」であるわたしが、あたかも不在であるかのように、運転者は黙殺して通過するのです。なにも、存在感がうすいわたしだけの現象ではなく、日本列島中でおきている現象ではないでしょうか。しかし、同法第百十九条で「三月以下の懲役又は五万円以下の罰金に処する」とされているのに、実刑をうけたというはなしもきいたことがありません。事実上、道路交通法第三十八条は空文化しているといえそうです。なぜなら、運転者のほとんどは、①横断歩道の信号機がアカでないかぎり（信号機がない横断歩道は常時）、自動車は当然走行がゆるされる。②横断歩道にかぎらず、横断中の歩行者や自転車をはねたら犯罪だから、しかたがないので停止してやる。という論理で行動しているとしかおもえないからです。

　　第三十八条の二　車両等は、交差点又はその直近で横断歩道の設けられていない場所において歩行者が道路を横断しているときは、その歩行者の通行を妨げてはならない。

　まず、横断歩道がない道路なら、歩行者優先原則は消失することがわかります。横断中の歩行者をはねれば当然有罪ですから、さすがにほとんど全員運転者はさけるでしょう。逆にいえば、政府が歩行者優先原則を否定している以上、横断歩道がないところでは「は

やいものがち」原則だということです。横断歩道で、自動車の停止をまっている歩行者がいても無視するぐらいですから、横断歩道がない領域では完全に自動車優先で、歩行者は、自動車のながれがきれたときだけ歩行をゆるされることになります（道路網の実質的「自動車専用道」化）。しかし、この「はやいものがち」原則は、正当なのでしょうか？

たとえば、自宅敷地内などに「車庫いれ」しようとする車両が、路地をふさぐかたちで歩行者をまたせる行為なども、こういった変質した「はやいものがち」原則といえそうです。道路交通法上、横断中であるとか、横断歩道でまつ歩行者ではない人間をまたせるのは、違法ではないでしょう。自動車は、それに体あたりしてとめるだけの体力をもたない人間を、物理的にまたせる「権利」を行使できてしまいます。「車庫いれ」を運転者が完了するまで、ヒトは、ずっとまたされる以外にないからです（「自動車至上主義」）。

これら車両対ヒトにかぎらず、「わりこみ」をふくめた広義のまたせる行為、いいかえれば、まさに「傍若無人」のかたちで、「緊急車両」のように他人をまたせる「権利」の行使は、「おれさま」意識（ジャイアニズム）とよばれてきた言動の一種でしょう。では、こういった、自分の進路を確保するために、他者の待機ないし減速をせまる姿勢をひきだす心理とその背景とはなんでしょう。

おそらく、その社会的背景には、交通量の増加にともなう信号機や遮断機など、各種の「ゲート」の増加があるでしょう。競争原理にささえられた進歩主義・技術革新は車両等の高速化をどんどんすすめました。自動車道の拡張・延長など流量を保証するインフラ整備もすすんだ。それにともなって利便性がたかまり、その利用者が急増する。つまり、衝突事故などリスクが急増したわけです。すいている時間帯の高速移動と、渋滞時や停止時の低速移動との心理的快・不快の格差も急増します。ながれるように走行できる時間帯と、

まさに「便秘」のように低速移動をしいられる時間帯とでは、移動手段としての効率が天地の差であるだけでなく、心理的ストレスの差も天地の差なのです。遮断機によって車両を通行どめにして疾走できる列車とか、信号機を無視し、前方・周囲の車両を制止して移動する緊急車両は、運転者のかくれた理想のはず[3]。おそらく、運転者が、対鉄道、対緊急車両というかたちで、「またされる」経験、渋滞時の退屈感と消耗感は、ずっと蓄積しており、だからこそ、大型車両はもちろん、車両全体が、相対的弱者への「どけどけ」意識が、よわいものイジメの「復讐心」として、ふきだすのだとおもわれます。

しかし、こういった「どけどけ」意識、「おれさま」意識は、道路上の運転者の願望だけではないとおもわれます。たとえば、空港などで、わずらわしいチェックなどを要しない要人たちの「VIP待遇」などに対する羨望、嫉妬心なども、心理機構として同根だとおもわれるからです。各種「(リスク回避用)ゲート」＝障害によって、自由な進行を阻止されている心理（鉄道の自動改札機で数秒あしどめをくっただけでのイラだちとか）。それが、客観的には、さして多忙とはおもえない人物、一挙手一投足がさして重要だとはいえないだろう人物たちのあいだに、広範な被害者意識として共有されているのではないか？

以下、現代社会の「せわしさ」「被害者意識ともおもえる被阻止感」の根源を一度推定してみようとおもいます。

3 　現在では激減し、地方だけの現象になりつつある「暴走族」とは、こういった運転者たちのかくされた願望の実現者だったろう。

4-2
被害者意識としての被阻止感の心理メカニズム：圧迫感と省時間意識

1. 長寿化（死亡リスクの低下／死去不安の減少）→人材・人生の価値低下（インフレ）
2. 平等意識・人権概念・欲望複写の大衆化→自他の「人生の充実度競争」の開始・激化
3. 「人生の密度」圧力の増大（→心理的圧迫）
4. 「ながら」「ザッピング」「マルチタスキング」「はやおくり」の進行→「加速」化
5. 「多忙依存症」「空白恐怖症」の進行（→「365日24時間」化）
6. 「ときはカネなり」「カラダが資本」意識の浸透・大衆化
7. 「リラクゼーション産業」「観光産業」ブーム

うえの図式を、すこし補足してみましょう。

4-2-1 「人生のインフレ」がもたらす「充実度競争」のひろがりと心理的圧迫

　まず、産業革命を基盤とした農牧業・水産業革命によって穀類・タンパク質類などが低価格化することで、大衆の基礎体力が飛躍的に向上し、乳幼児や高齢者の死亡率が急速にさがっていきました。「死」が日常であった近代初期とはことなり、多産少死社会がおとずれ人口爆発がはじまります。その後、女性の高学歴化などもあいまって、少子化がすすみましたが、「死」が非日常化しました。人生をまっとうすることが自明視され、「平均値」「最頻値」「中央値」的なありようとなりました。これに応じて、教育期間が平均的に長

期化し、以前の「高学歴」も「平均値」「最頻値」「中央値」的なありようとなっていきます。当然「人材」の平均的な価値低下がさけられません。つまりは、「人生のインフレ」がうまれたということです。

　社会の近代化は、平等意識・人権概念を大衆化し、周囲の人物の欲望をコピーする意識が一般化します (さくた 1981)。大衆社会特有の攻撃性や不安を社会病理とみなすなら「嫉妬の時代」(岸田秀)というべきでしょうか (きしだ 1987 = 1993)。これによって、大衆同士は、自他の「人生の充実度競争(＝記憶の質・量競争)」を開始し、基本的にはげしさをますとかんがえられます。自分の「人生の充実度」をきそうというのは、量的には「人生の密度」をたかめよ、という圧力の増大を意味します。当然、心理的圧迫がふえるでしょう。

4-2-2　「ながら」「ザッピング」「マルチタスキング」「はやおくり」

　こういった心理状況のばあい、それへの防衛機制として、つぎのようなプロセスがおきているのではないでしょうか？

> ① テレビコマーシャルの時間帯＝ムダという感覚がうむ「ザッピング」行為(チャンネルの頻繁なきりかえ)や「トイレ・タイム」。余暇時間としてのテレビ視聴ではない、ドラマやバラエティ番組の大量録画→週末の2倍速・3倍速再生など、ジャーナリストと類似した情報収集行為。
> ② 家事をしながら、(動機・作業はともかく)コンピューターをひらきながら、……など、「ながら」視聴。
> ③ パソコンのデスクトップ環境としての「ウィンドウシステム(Window System)」など「マルチタスク」を前提にした同時並行の作業の定常化と集中力の慢性的低下。

こういった「同時並行」が日常化すると、時間感覚は、当然「加速化」していきます。擬態語的に表現するなら、「せかせか」「ガチャガチャ」、要するに、せわしい時間経験が支配的になるほかないでしょう。「オンナこどもは、わずらわしい」と、いい加減に「はなし半分」状態をきめこんできたオトコたちはともかく、目前のあいてのはなしに集中できない『モモ』の登場人物たちをわらっているばあいではありません。はなしあいてはもちろんのこと、コンピューターの「ウィンドウシステム」に依存することで「本務」にさえ集中できないのですから。

4-2-3 「多忙依存症」の伝染

　そして、こういった「せわしい時間経験」への感覚マヒというかたちで、心身がなれていけば、それは、第三者からみたとき、「多忙依存症」「空白恐怖症候群／予定空白恐怖症」ともいうべき、喜劇的な状況とうつるはずです。エーリッヒ・ショイルマン（画家・作家）がでっちあげた偽書とされる『パパラギ』で戯画化された欧米人の様子は、第一次世界大戦当時のことですが (ツィアビ＝岡崎照男訳, 1981, 2002, 2009)、すでにのべたとおり、ゲーテがなげいた19世紀前半の状況は20世紀前半で充分「悪化」していたのでしょう。21世紀は、いわずもがなです。たとえば現代日本の大都市部のサラリーマンにかぎらず、主婦層のおおくも、たがいの「多忙依存症」を確認しあうという、「同病相哀れむ」日々をおくっているはず（「充実度競争」？）。学生にも「感染」が報告されている「予定空白恐怖症」なども、やはりビョーキというほかありません。バブル経済期の栄養ドリンク「リゲイン」のコマーシャルソング（「勇気のしるし」1989年）の「24時間戦えますか」という有名な歌詞がありますが、すくなくとも一部の層にとって「365日24時間」

化は、単なる冗談ではないはずです[4]。

> パパラギは時間をできるだけ濃くするために全力を尽くし、あらゆる考えもこのことに集中する。時間を止めておくために、水を利用し火を利用し、嵐や天の稲妻を使う。もっと時間をかせぐために、足には鉄の車輪をつけ、言葉には翼をつける。——だが、これらすべての努力は何のために？ パパラギは時間を使って何をするのか？——私にはどうしても、そのことが飲み込めない。
>
> (ツイアビ＝岡崎照男訳：64-5)

4-2-4 「ときはカネなり」意識の自己目的化＝倒錯性

ツイアビに架空の文明批判をさせたショイルマンですが、第一次世界大戦当時、すでにヨーロッパ大陸の住民たちが、「時間をできるだけ濃くするために全力を尽くし、あらゆる考えもこのことに集中」しながら、肝心の「時間を使って何をするのか」という、「効率」化（＝加速化）の目的をわすれていたという現実は衝撃的です。

まえに、自動車運転手の物理的視野が速度上昇に応じてせまくなることを紹介しました。あわせて、社会学者アンリ・ルフェーブルが、「運転者は自身を目的地に向けて進めてゆくことにしか関心がなく、周囲を見回すさいにもその目的にとって必要なものだけしか目をとめない」と指摘したこともひきました。「時間をかせぐために、足には鉄の車輪をつけ、言葉には翼をつける」のが無意識的な習性

---

[4] たとえば、ある外食チェーン店の創業者の発言など。
ワタミ前会長・わたなべ美樹の名言 bot@watamism
「365日24時間、死ぬまで働け」これは本当の愛が背景にある時にのみ使える言葉である。時代とはマッチしない言葉だが、10年後も20年後もこの言葉が飛び交う「ワタミ」でありたい。

となっているなら、思考上の視野もせまくなっていそうです。逆走している物体はもちろん、静止しているものでさえ動体視力がおいつかなくなるという物理的・生理学的構造は、おそらく心理面でもそうであり、思考速度を加速化すると、自分が「前方」と信じる「方向性」以外の周囲への関心が急低下するでしょう。それは一見、一点に思考が「集中」してよさそうにみえますが、その保証はありません。なにしろ、疾走によってめまぐるしくすぎさる視界（無数の視覚情報）をとりあえず処理するために前方を「凝視」しているだけなのですから。

　「ながら」「ザッピング」「マルチタスキング」も、「無数の視覚情報」の通過と心理と酷似していると。同時並行的な関心の多方面化は、多方面への関心の分散でしたし、そのプロセスでの省時間・省エネは、分裂した目標へとりあえず安易にアプローチしては、それをせわしなく、際限なく、くりかえす行為です。「時間をできるだけ濃くするために全力を尽くし、あらゆる考えもこのことに集中」するとは、関心対象に「集中」するのではなく、実は「ザッピング」のようなせわしない行為を際限なく反復すること。いいかえれば、「ザッピング」のような行為を「時間をできるだけ濃くするため」の節約行為だと錯覚することへの専心＝「集中」なのです。これは、「集中力分散状態（＝悪循環）への集中」という逆説、というか、無自覚な自己矛盾です。行為者の「ザッピング」的「いそぎ」かたとか、「マルチタスキング」的省時間意識とは、パソコンモニターの後景にしりぞいているタブを同時並行的に意識した雑然とした思考過程とか、タブをクリックして、別のウィンドウが浮上するなどの過程の時間短縮で自己満足におちいっている心理でしかありません。「いそいでいるつもり」「いそいでいるフリ」の反復なのでしょう。「ザッピング」や「クリック」だけ加速化しても、単にアクセスがはやくなっただけ。各対象へ集中し、充分消化（理

解・受容・批判）できる時間が短縮化したわけではないのです。

　「エコカー」など偽善的なアリバイ工作に終始して、大量廃棄を誘発した「省エネ」などが批判される時代になりましたが、「省タイム」とでもいうべき現代人は、時間を有効利用しているつもりになるという、自慰的に自己目的化をくりかえし、人生を「できるだけ濃くするために全力を尽く」している自分・日常に陶酔しているようにみえます。すくなくとも、「ツイアビ」のような非文明人からすれば、そうとしかみえないでしょう。「省時間妄想依存症」とでもなづけましょうか。「ときはカネなり(Time is Money)」イデオロギーは、まさに現代をおおう病理として、市民生活を支配しているとおもわれます[5]。

　心理学者の一川誠さんは、「やれそうなことが増えすぎる」ことで、

5　ちなみに、学術雑誌のオンライン化にともない、ハイパーリンクをたどることで「普及している意見」をすみやかに発見できるようになったがゆえに、学者たちは「普及している意見」に追随してしまい、「紙媒体時代の研究者」がめをとおしていた「周辺的関連論文」をオンライン時代の研究者は「飛ばして」しまうという知的視野狭窄を指摘しておいた。

　問題は、「マルチタスキング」や「ザッピング」という、並行的進行指向による集中力低下だけではないようだ。要領よく有用情報にアクセスできているという過信が、短期的流行への浅薄な追従をうんでいる。それは集中力を効率よく備給しているというより、ネット検索という文明の利器の副作用によって、視野が極度にせばめられていることに無自覚であり、効率的に有用情報だけ収集できていると錯覚しているだけなのだ。「マルチタスキング」や「ザッピング」という並行的進行指向と、「ネット検索」という効率至上主義とは、「視野」という観点からは正反対にみえるが、時間的効率の高度化という錯覚と無自覚という意味では、同根なのだとおもわれる。

　また、情報工学者の高田明典は、カーの『ネット・バカ』を参照しつつ、過剰ともいえる情報生産の加速化によって、「速度」をえたかわりに「熟慮」をうしなったと断言する（たかだ 2013：125-32）。

「肥大する欲望のうち、実際にみたされるものは一部のみ」になり、「やりたいこと、やれるはずのことは数多くあるのに、なかなか実現できないジレンマが生じる」。その結果「むしろ、できる事柄が少なかったころよりも時間が足りず、忙しく、やりたいことができないという感覚が強くなっているかもしれない」と指摘しています（いちかわ2008：167）。これは、悪循環をつよめるだけでしょう。

4-2-5 「せかす」圧力につきうごかされる心理メカニズム

このように、「せかす」圧力を分析してみましたが、なかには、「こどもの受験や、ならいごとで、いそがしい自分たちは、こういった虚無的な圧力の被害者ではない」といった、反発もでそうです。こどもへの愛情、その将来への投資が、競争原理の社会のもと、「せかす」圧力であることは事実でも、それは、無目的で自己目的化した「せわしさ」ではないと。あるいは、日常生活をゆたかにいろどるための、インテリアなどの充実とか、バレエやヨーガなどの身体技法の習得とか、いろいろな自己実現があり、それはムダな「いそがしさ」であるはずがないとか。

こういった反発を全否定する気はありませんし、それは不可能で、また不毛だとおもいます。しかし、つぎのようなことは考慮する必要がないでしょうか？

日常生活をゆたかにいろどるための努力が有意義で、また必要だとして、あるいは、高度化した現代文明における教育機会の獲得が必要だとして、それが、あわただしい日常をうむとしたら、それは「必要悪」なのかと。たとえば、「少々ながいけど、3年間の受験生活が、一生を決定づけるのだから」といった中学受験での競争状態。あるいは、それをまえだおしした「お受験」ブーム。これらは本当に単なる「必要悪」なのでしょうか。大学進学とか就職戦とか、その後の6年とか12年とか、一流企業や医師・弁護士など専門職だ

とか、20代後半までつづく修業期間がひかえるエリート層は、それこそ20年前後の競争を継続するのではないでしょうか。それに並行して、バレエやピアノをならったり、サッカーや水泳の教室にかよったり、英会話教室や家庭教師を利用したり、それらは、「将来のゆとりのための不可欠のステップ」として「しかたがない」のでしょうか。

4-2-6 「時間世界の平準化」

　哲学者の内山節さんが、『時間についての十二章』という時間論をあらわしていますが、そのなかで、注目すべき論点を提示しています。

　近代にはいり人間は「自分の責任において管理していくもの」として時間を位置づける存在へと変容し、「自分だけの固有の時間を確立した」。「そのとき、この村の自然と共同体のなかに身をおいていれば、そこでの時間の動きとともに自分もまた生きていくだろうという楽観主義は消滅」し、「自分の一生を管理していかなければならなくなった」。そして、「そうなればそうなるほどに、私たちの存在とともにある時間世界は多元化せず、ひとつの基準に集約されていった」と。「一人一人が自分の時間を管理しなければならなくなるにつれて、その基準となる時間は、二度と戻ってくることのない、つまり不可逆的な、しかも等速で直線的な時計の時間へと集約されていった」からです (うちやま2011：186-7)。その結果、「時間に圧迫され、恐怖を覚え、追いかけられるようになった」のだと。内山さんは、それを「時間世界の平準化」となづけました (同上：187)。

　これは、新雪にのこされた通勤者の足跡がまるで定規でひかれたかのように直列しており、雪国のネズミやウサギなど野生動物の足跡がこのように直線化するのは捕食者におわれているときだけ、という、政治学者のＤ・ラミスさんらの指摘した心理を解析したもの

と解釈できそうな気がします。

> 数年前の朝、私が東京の住友ビルの高いところに座っていて、言語学者室勝先生と話していた時のことだ。雪が降っていたので、下の公園には職場に向かっている人の足跡がたくさん見えていた。その足跡はどれも、直定規によって引かれたようにまっすぐだった。私は、雪国で見る野生動物の足跡は絶対にその形にならず、必ず曲がりくねっている——あるいはネズミかウサギがあのような足跡を残す唯一のときは、捕食動物に追いかけられているときだろう、と室先生に言った。彼はしばらく考え込んでから言った。「だったらあの人達を追いかけているのは何なのだろう」。
>
> (ラミス2003：59)

ラミスさんは、こういった歩行者の心理状況の背景・起源を、ベンジャミン・フランクリンらが提起した「時は金なり」にもとめます。「時は金なり」論は、陰画として「怠惰は罪悪なり」論を含意すると。

> (こうしたネガティブな―引用者注) 労働倫理が要求することと我々が出来ることの間のギャップが罪悪感（あるいは、現代用語でいえば、「ストレス」）を生産する。フランクリン相対論（「時は金なり」＝「怠惰は罪悪なり」という時間論—引用者注）の下で組織された世界で、人々は真っ直ぐの線に沿って、歩く。
> ……産業社会は、我々の生活のテンポを器械の支配下に置いた。メトロノームはどこでもチッチッチッと動いている。メトロノームは目覚まし時計、学校のチャイム、列車の時刻表、タイムレコーダー、時給（または日給）などである。英語でメトロノームのテンポを beats/min′　時速をkm/hr′　時給を $/hr′ と同じ

4章 「おれさま」意識（ジャイアニズム）と、「せかす」圧力

形の記号で表すのは偶然ではない。生活のあらゆる側面でスピードは要求されるが、その要求の根底に、時間を無駄にしてはいけない、という断定がある。遅い列車や車によっても、能率の悪い生産方式によっても、怠惰によっても、無駄にしてはいけないのだ。

(ラミス2003：59-60)

　しかし、歩行者のせなかをおしつづける圧迫感は、それだけではないでしょう。内山さんがのべるとおり、ひとびとが、個々人としていきることをしいられる現代にあっては、時間感覚が「不可逆的な、しかも等速で直線的な時計の時間へと集約され」、逆説的に一元化していきました（時間世界の平準化）。そして「灰色の男たち」のささやきにそそのかされ、「時間をできるだけ濃くするために全力を尽くし、あらゆる考えもこのことに集中」してしまうことで、肝心の「時間を使って何をするのか」という「効率」化（＝加速化）の目的をわすれてしまう現代人。「時間に圧迫され、恐怖を覚え、追いかけられるようになった」からこそ、目的地への最短コースを歩行速度をあげてつきすすむのです。

　日本の母親たちのくちぐせが、「はやく」と「いそいで」だという現実は、「時間に圧迫され、恐怖を覚え、追いかけられるようになった」自分の心理を自省できずに、マイペースでいきようとする児童たちに責任転嫁した意識＝いらだちの産物でしょう。受験塾や各種教室へと送迎する女性たちが、「せかす」主体となっているのは、「不可逆的な、しかも等速で直線的な時計の時間」に「せかされている」からです。このようにかんがえをすすめたとき、それでも「こどもの受験や、ならいごとで、いそがしい自分たちは、こういった虚無的な圧力の被害者ではない」といった、反発は正当でしょうか。雪中を直進しようとする通勤者たちと、かのじょたちの心理に異質な点がどこかにあるでしょうか。通勤者たちが、ゆとり

をもって自宅をでることができず、職場まで必死に最短距離をとろうとしたのと同様、女性たちは、育児において、ゆとりをもって行動することができず、しょっちゅう児童たちに「最短距離」をあるかせようとします。あるきはじめの幼児はともかく、幼稚園の年長にでもなって、ある程度のききわけができたころから、「はやく」「いそいで」が再三くりだされることになるのでしょう。

　女性たち、とりわけ、育児を中心とした家庭のマネージメントにいそしむ層が、在宅時間が非常にみじかいサラリーマン層などとセットであり、そういったカップルが、職種・所得・居住地などが多様にみえながら、かなりの程度「同形」の人生をあゆんでいるようにみえる意外な「均質性」とは、実は、「時間世界の平準化」にもとづいた「圧迫」感のなせるわざでしょう。かのじょたちが育児中に発するセリフに、「はやく」「いそいで」などが頻出するのは、多様なはずの人生が、実はたがいがかなりの程度で「にすがた」同士（相互コピー関係）になっているという構造の産物なのだとおもわれます[6]。

　内山さんは、「平準化」がすすむことで、「近代の人間たちは同じ時間世界を共有しているという感覚より、だんだん自分が孤立していくように感じはじめた」としています。資本主義的時間や近代国民国家が規制する時間的リズムへと、「誰もが同じ時間軸にしたがって存在しているのに、人間たちはバラバラに孤立」したと（同上：188）。「一人一人が個別の時間をもち、それぞれがその時間を管

---

[6] さきに「男性の希少資源は経済的資源とか時間的資源」なのに対して、「卵子の数が限られている女性の希少資源はセックスなので」「双方の希少資源を交換するのが、一般的な結婚」（かつま 2011：149）といった分析を紹介したが、これが一般則にみえる点こそ、サラリーマン世帯の「同形」性＝「時間世界の平準化」をものがたっているといえそうだ。

理する」「このときから、時間存在の世界は孤独なものに変わった」
と (同上：189)。女性たちは、育児のなやみをかたりあったりする一方、孤立感をふかめている層もすくなくないことがしられています。「はやく」「いそいで」などをくりかえす女性たちは、同世代の女性たちと育児レースをおこなっている選手たちのような心理状態（ライバル関係）にあり、「時間に圧迫され、恐怖を覚え、追いかけられる」感覚からのがれられないのではないでしょうか。ながいばあいは、こどもたちが就職したり、結婚にこぎつけたりするまでの「ウルトラマラソン」みたいな感じで。

　かのじょたちは、各人の自己責任で時間管理をせまられるわけですが（もちろん主婦層にかぎらないし、女性にかぎりませんが）、たとえばマンション群の各所で、たのしげに談笑する主婦たちの内心は、しばしば疑心暗鬼であり、「となりは、なにをするひとぞ」といった警戒感・危機感がひしめいているのではないでしょうか？一見たのしげな談笑も、しばしば「はらのさぐりあい」で、受験準備の進行状況といった「レース」がらみであったり。こういった「孤独なランナー」たちは、各人の条件にそった独自のペース配分だけではなく、ライバルたちとの心理戦をまじえた圧迫感とのたたかいをくりひろげているとおもわれます。

　直線コースをなぞらせる「捕食動物に追いかけられているとき」をおもわせる心理状態は、以上のような「孤独なランナー」たちの孤立した運動の産物でしょう。それは、内山さんが「怯えの時代」とよぶ現代社会のもたらした「無力」感ゆえか (うちやま2009)。

4-2-7 「孤独なランナー」たちの焦燥感と「でおくれた感」

　それにしても、主婦同士や会社員同士はしばしば明確なライバル関係にあるかもしれませんが、降雪でおくれたらしい交通機関からはきだされた通勤者同士がライバル関係のはずがありません。捕食

動物におわれているわけでも、目前に捕食すべき獲物がいるわけでもない通勤者の切迫感をめにした言語学者が「あの人達を追いかけているのは何なのだろう」といぶかしげにつぶやいた感覚は正常です。すくなくとも、通勤者を「追いかけている」圧力が、「時は金なり」＝「怠惰は罪悪なり」で説明づけられるはずがありません。たとえば降雪でおくれ出勤時間を圧迫感とうけとめていそぐ心理機構は、「遅刻」に対する「罪悪感」で全部説明づけられるでしょうか？　つとめさきが営利企業ではなく、たとえば東京都庁づとめでも、「都民からのといあわせに対応がおくれているかもしれない」とか、「上司から遅刻をとがめられそう」だとか。

　ここでは、結論をいそがないことにいたしましょう。ただ、ひとつだけ補足しておくなら、これら「孤独なランナー」たちをおいたてる、みえない「追跡者たち」のひとつが、「でおくれた感」ではないかという点です。たとえば「降雪で交通機関がおくれるかもしれないというリスクを過小評価して、気象情報を入念にチェックしていなかった」「交通機関がおくれるかもしれないのだから、最低でも30分ははやく起床して出発準備にかからねばいけなかった」「夏までにこの分野をひととおりすませられるよう、むすめを指導しきれていなかった」「Aちゃんたちが、ここまで達しているのに、自分のところは何か月もまえの段階にとどまっている」……といった「しまった」という後悔や焦燥。「最短コースを全力でかけつづけなければ」といった「孤独なランナー」たちの焦燥感とは、こういった「スタートでのつまづき」「加速の失敗」など、前段階までの「後悔」の産物でしょう。ライバルの存在があるかどうかはともかく、すくなくとも「目標タイム」のような事前のイメージがあり、その「予定」とのズレ＝「おくれ」が問題なのです。

　たしかに「労働倫理が要求することと我々が出来ることの間のギャップが罪悪感」といった、メトロノーム的ノルマからの逸脱意

4章　「おれさま」意識（ジャイアニズム）と、「せかす」圧力

識もあるでしょうが、設定目標とのズレ自体が「罪悪感」をもたらすのだとおもわれます。ベルトコンベアーのペースとか、1分あたりのピッキング・ノルマが課されるとか、そうした肉体労働最前線の「モダンタイムス」[7]状態のしいる心理的圧迫ではなく、「しめきり」「納期」など、自己裁量で作業のペース配分を加減できるような職種・勤務体制（「テレワーク」etc.）とか、「入試」「陸上選手権の予選」のように参戦者たちに一定の「余裕」が前提とされているような世界を普遍的におおっている力学。それこそ「でおくれた感」がもたらす「罪悪感」であり、資本主義市場とか各種レースとは、それらプレイヤー各人の心理をたばねる＝支配することで水準を維持しているのだとおもわれます。

　電波時計やパソコンのすみの時刻表示に制御された都市部住民の日常。数分おくれただけで「謝罪アナウンス」がながれるような、「1本あたり、平均6秒しか遅れていない」といった、あまりに合理化された時刻表どおりの列車運行（とみい2005：1）と、それをささえる乗降客のみごとな連携プレイ（みと2005）。新幹線車内にのりこんで座席・荷物スペースを確保するや、パソコンなど電子端末を起動したり、音楽などをききながら仮眠にはいったりする乗客たち。……これらはみな「でおくれた感」とは無縁な気がしますが、実は、「でおくれた感」であせる時間帯を極力さけたいという意識にとらわれた行動様式の具体例ではないでしょうか。かれらのおおくは、しばしば「でおくれた感」にあせる日常をくりかえしているし、そ

---

[7]　ルネ・クレール監督の『自由を我等に』（"À nous la liberté", 1931年、フランス）を盗作したと訴訟にまでなった、チャールズ・チャップリン監督・製作・脚本・作曲・主演の喜劇映画『モダン・タイムス』（"Modern Times", 1936年、アメリカ）。代表作のひとつで、大量生産時代の窮屈さを痛烈に皮肉った。

うでない層は、時間的な余裕があるというよりは、「でおくれた感」であせる時間帯をリスク要因として神経質に排除するべく、入念な「段どり」をくりかえしている層ではないかと。なぜ、そう推測するのかといえば、おおくの都市住民は、市場ゲームの勝者ないしはサバイバル層といってよく、そういったサバイバル・ゲームに参戦できているということそのものが、「孤独なランナー」の一員であることをしめしているとおもわれるからです。自己責任による時間管理に、いくぶんかの余裕の濃淡があろうと、「しめきり」「納期」などをかかえる職業生活は、それこそ「時間との勝負」のくりかえしでしょう。

　さきに、「あまりに合理化された時刻表どおりの列車運行」が、「JR福知山線脱線事故」（2005年）のような破局の温床なのではないかという心理学者（一川誠氏）の指摘を紹介しました（1-4 死ととなりあわせの超合理化圧力）。一川さんは「スケジュールから遅れを取り戻すために危険を冒さなくてはならないようなシステムは、人間の作業者向けではない」と批判していました。これは、まさに「でおくれた感」が、おおくの人命にかかわるようなシステム内では危険そのものだということをしめしているといえるでしょう。さらにいえば、「でおくれた感」であせる時間帯を排除しようと、不断に「段どり」をくりかえす層を、「優等生」としてもちあげていいのかという問題もあるような気がします。それはまさに「スケジュールから遅れを取り戻すために危険を冒さなくてはならないようなシステム」が放置されていること。人間的ではない現実をうらがきしているからです。「段どり」じょうずの「優等生」をほめることは、非人間的で、ときに破局をまねきかねない危険な構造を放置している不作為を視野からはずすことです。

　さらに「優等生」待望論は、「段どり」の不得意な層、「段どり」どおりに自己制御できない層を、「ダメ男」などとして非難し、非

人間的で危険きわまりないシステムの問題の責任転嫁さえしかねないという問題も指摘でそうです。実際、「JR福知山線脱線事故」でも、「事故乗務員の問題」という分析には「本件事故を起こした運転士は運転歴11か月で、運転技術や勤務姿勢が未熟だった可能性がある」との指摘があります（ウィキペディア「JR福知山線脱線事故」）。「国鉄分割民営化後の人員削減策で、特にJR西日本においては他のJR各社と比べると長期間にわたって新規採用者を絞り、定年退職者がまとまった数になったのを契機に採用者を増やしたため、運転士の年齢構成に偏ったばらつきが出て、運転技術を教える中堅およびベテラン運転士が少なくなった」というリクルート・研修構造のひずみを指摘しているこの記述などは、運転士への個人的攻撃ではありませんが、「運転技術や勤務姿勢が未熟だった」といった箇所には、悪意はないでしょうが「運転技術や勤務姿勢が万全だったら、破局的事故にはいたらなかった」といわんばかりの論理がこめられているともとれます。

「でおくれた感」が破局をまねいたケースはこの事例にかぎらず、「人材のマクドナルド化」（＝人材育成のローコスト化。くわしくは後述）が進行中なのに、「死ととなりあわせの超合理化圧力」も進行中だったという、まさに組織全体による人災だったのではないでしょうか。人命をあずかる組織が「ブラック企業」[8]化しないよう、社会全体で監視しつづける必要があるわけです。

4-2-8 「カラダが資本」意識と「リラクゼーション産業」

もちろん、こういった自己欺瞞的な姿勢にはムリがありますし、

---

8 この命名には、いろいろな意味で問題があるとおもいますが、とりあえず定着しているので、もちいることにします。

その不自然さは、現代人自身がうすうす自覚しています。「カラダが資本」意識の浸透・大衆化は、そういった無意識の消極的反応の典型例でしょう。「作業時間」を短縮するために、いくら「加速」しようにも、限度はあるし、心身をこわしては、それこそ「もとも、こもない」（原資なしには利子も絶対うまれない）という結論は当然です。ですから、「リラクゼーション産業」の興隆、「観光産業」ブームも、そういった意識をくみあげ、市場化したものとかんがえられます。「ときどきは、心身を適度にゆるめないと、こわれる」「がんばった自分（労働者）に、ごほうびを」といった感じですね（6章で詳述）。

人生を「できるだけ濃くするために全力を尽く」しているだろう都市住民にとっては、睡眠時間はもとより余暇時間も、過酷な職業生活に心身がつぶされないための「レ・クリエーション（re-creation）」過程でしょう。リゾート地ですごしたり、スポーツジムやヨーガ教室にかよう時間の確保なども。それらのおおくは、有閑階級の純粋な余暇とは異質でしょう。資本主義市場というアリーナ（闘技場）で敗者とならないための、「自主キャンプ」のような時間帯であり、たとえば俳優・モデル・ホステスなどが「舞台」にたち「観客」にすがたをあらわすために、美容室・スポーツジム・エステティックサロンなどで、からだに「ていれ」をする必要があることと同質です。飲食店がファストフード店でもないかぎり、かなりの「しこみ」時間が営業時間以外に必要なのと、実は通底しているし、たとえば薬品開発の時間・人材の投入過程とも同質なのですが、職業人の「余暇」過程については、プライベートで、自己裁量の時空だとして、詳細な解析がすくなかったとおもいます。

その意味で、ある意味時代を象徴するカリスマ、勝間和代さんの『効率が10倍アップする新・知的生産術』の第5章が「知的生産を根底から支える生活習慣の技術―すき間時間、体力、睡眠に投資

する発想転換のススメ―」と題されているのは、まさに象徴的です。「レ・クリエーション」過程が、人的資本の不可欠の時空であることをノウハウ本として提示し、たとえばマルクスらが、労働時間以外を「労働の再生産過程」として、単純な飲食・睡眠などへと還元してしまったことなどを、完全に過去化したからです。管理職によみつがれたビジネス書の古典『時間を管理する技術』が、冒頭部で「われわれみんなが時間の奴隷と化している」(R. マッケンジー＝奥田訳, 1974 : 1) とのべたことは、みずからのはたらきかたを裁量労働として自主的に管理できる職位にある層の、時間奴隷ぶりを象徴しています。そして、勝間さんやその信奉者たる「カツマー」たちが、「すき間時間、体力、睡眠に投資する」といった「発想転換」を意識化した現在。それは、「余暇」時間とされていたはずの勤務時間以外の時空までも、すべて資源化された「超合理主義」的世界だということ。勝間さんたちは、労働時間以外の全生活時間が「自主キャンプ」「自主トレ」プロセス＝「しこみ」なのだということをはっきりさせて、「でおくれ感」をもたずに、「かちぐみ」でありつづけるための「生活習慣」を具体化したのだとおもいます[9]。

しかし、いくら公私の生活のきりかえが、みごとであろうと、「われわれみんなが時間の奴隷と化している」という名言が一層病的に、

---

[9] 「著者からのコメント」として「効率化はギスギスするためではなく、ワークライフバランスを整えるため、そう考えてこの本を読んでいただければと思います」とある (amazon.com)。しかし「いくらライフワークバランスを最適にし豊かな生活を送るための方法にしても、ちょっとやりすぎかと。勝間さんのようなスーパーな方には何の問題もないのかもですが、凡人にはここに書いてあることを実践すると、それをすることだけでいっぱいいっぱいで、手段が目的化してしまうだろうなと感じました」というレビューもつけられている (同上) が、これはかなり妥当な見解とおもわれる。

いや究極まで進行したものにしかみえません。欧米的な「バカンス」でさえも、「しこみ」過程と化してしまうでしょうから[10]。

---

[10] 加速化空間というべき現代社会の前史は、19世紀から20世紀前半の西欧社会にみてとれるが、余暇時間という概念の成立と変容に関する社会史的蓄積を代表する論集としては、アラン・コルバン『レジャーの誕生』(コルバン＝渡辺訳, 2000)。同書の第8章「疲労、休息、時間の征服」などは、本書の議論と、かなり共通点がある一方、現代社会のかかえる神経症的な様相(《4-2-3「多忙依存症」の伝染》etc.) とは、かなり異質な水準にとどまる点は重要。

5章
スピード感への耽溺現象の人類学

本章のあらまし

カーレースなど速度ゲームに代償行為をもとめようとする大衆意識は、どこからくるのか。それは、4章で解析したように、鬱屈感（被害者意識としての被阻止感）から解放されようと、つねづね渇望しているからであろう。ゆとりをもって出発することに失敗した人間は、一人相撲として「でおくれた感」（後方からの圧迫感）にあせる。渋滞や行列などで誘発される被阻止感＝圧迫感をおぼえ、前後からの主観的「いたばさみ」にしばしば遭遇している。一時的に現実から逃避し清涼感をえるために、カーレースやゲームなどに耽溺するのだ。一方、おおくの関係・事物が軽薄短小化する流動化社会にあっても、「おもたい」という表現はよくもちいられる。これら物理的な重量感とは無縁な負担感も、「でおくれた感」や「被阻止感＝圧迫感」の産物であり、主観的には「おもたい」という実感があるのだ。カーレースや球技などで爽快感をえようとする心理は、おもいどおりにはこばない日常が蓄積する鬱屈からの解放志向だが、同時に20世紀まで男性がずっとになわされてきた「輸送力」幻想のなごりでもある。大量高速輸送が実際に可能になった現代、モノ自体を実際はこばずにすむ情報化時代は、省力化・省時間という物理的な条件がととのった。障害をのりこえて重荷を目的地まではこびおおせるという男性らしさを追求するのは、無意味な志向性である。しかし、男性に課されてきた輸送力という価値が急速に無意味化したからこそ、戦場や輸送路などでたたかうといった男性イメージが皮肉にも時代錯誤的ノスタルジーとして渇望されるのかもしれない。経済先進地域など、男性性の発揮する機会が急減していく時空ほど、ますます輸送力や突破力を象徴する娯楽（超人的パフォーマンスやコンピューターゲーム etc.）がもてはやされそうだ。

前章で、『たたかいの社会学』で、「優先順位」という章をかいたことにふれ、そのことを起点にして、「わりこみ」問題などを検討し、カーレースなど相対的速度競争で動員される「ルール違反にならない範囲での走路妨害」などを話題にあげてきました。実は、『たたかいの社会学』では、現代の道路網が、自動車用に発達したこと、自動車社会という「鉄の奔流」の流路であること、歩行者等が当然のようにないがしろにされる実態と権力構造をとりあげています（ましこ2000：271，2007：275）。前章であげた歩行者の「横断」問題も、その必然的結果だったのです。そして、『たたかいの社会学』は、高度に発達した道路網を「鉄の奔流」のとおりみちとみなしただけでなく、つづけて、それが大衆にあたえた心理的影響を検討しています。

　今回、本書では、他者の進路妨害をしでかしてでも、さきをいそぎたくなる異様な心理の社会的背景を前章のように、おってみました。本章では、今度は逆に、「なにゆえ現代人は、カーレースなど、スピード感をもとめようとするのか？」という疑問を呈して、問題の背景をあきらかにしたいとおもいます。

5-1
疾走がもたらす興奮の誘因

　実は、『たたかいの社会学』では、カーレースにかぎらず、公道を暴走する集団に属する個人の心理を分析して、「全能感」というキーワードでまとめをはかっています（8章　優先順位　3節　全能感と「わりこみ」）。そこでは「視野のながれ」というスピード感、信号無視による、緊急車両的な自在感・特権意識の追体験、通行妨害による交通量の制御という全能感などです。そして、カーレースに参戦しているドライバーたちは甘美な領域に突入しているだろう

し、後続車両の屈辱感に対してサディスティックな優越感をもつだろうと、インタビューもせずに憶測しました。

　それはそれとして、では、カーレースに参戦せず、公道で暴走行為に興ずるでもない一般市民が、カーレース観戦に興奮し、一流ドライバーに畏敬・羨望の視線のまなざしをおくるのは、なぜか？さきの、「なにゆえ現代人は、カーレースなど、スピード感をもとめようとするのか？」という疑問は、以上のようにいいかえることができるでしょう。レーシングドライバー自身はもちろん、コックピットで整備に奔走するチームスタッフ、そしてエンジンやタイヤなどの開発にかかわった設計士・技術者たちが、レースでの勝利や記録達成などで歓喜にわきたつのは、よくわかります。しかし、観衆は、なぜその興奮をコピーするのか？

　レースの観衆たちは、レーシングドライバーにスピード感の代償行為をはたしてもらっている。マシンにとりつけられたビデオカメラの中継映像などをみながら、全能感をみたすスピード感を追体験しているということだとおもいます。複数のカメラがマシン内外からとらえるスピード感。コースを鳥瞰する、ないし、ちょっとななめうえからみおろす視点からの実況中継も、ドライバーの視野と酷似しているだろう車内からの視野のながれも、ファンにとっては、このうえない快感体験なのだとおもいます。問題は、かれらファン（特に男性）がなぜ、それほど熱狂するのかです。

　前章での分析をふりかえるなら、かれらは日々おわれる日常生活をおくっている。うしろから、おいたてられるような圧迫感をおぼえている。さらにいえば、「でおくれた感」に慢性的にさいなまれているがゆえに、さきをいそぎ、ときに他者をないがしろにする暴挙にさえでる。「わりこみ」とか「進路妨害」ですね。前章で解析した心理メカニズムをふりかえってみましょう。

5章　スピード感への耽溺現象の人類学

……自分の進路を確保するために、他者の待機ないし減速をせまる姿勢をひきだす心理とその背景とはなんでしょう。

　おそらく、その社会的背景には、交通量の増加にともなう信号機や遮断機など、各種の「ゲート」の増加があるでしょう。競争原理にささえられた進歩主義・技術革新は車両等の高速化をどんどんすすめました。自動車道の拡張・延長など流量を保証するインフラ整備もすすんだ。それにともなって利便性がたかまり、その利用者が急増する。つまり、衝突事故などリスクが急増したわけです。すいている時間帯の高速移動と、渋滞時や停止時の低速移動との心理的快・不快の格差も急増します。ながれるように走行できる時間帯と、まさに「便秘」のように低速移動をしいられる時間帯とでは、移動手段としての効率が天地の差であるだけでなく、心理的ストレスの差も天地の差なのです。遮断機によって車両を通行どめにして疾走できる列車とか、信号機を無視し、前方・周囲の車両を制止して移動する緊急車両は、運転者のかくれた理想のはず。おそらく、運転者が、対鉄道、対緊急車両というかたちで、「またされる」経験、渋滞時の退屈感と消耗感は、ずっと蓄積しており、だからこそ、大型車両はもちろん、車両全体が、相対的弱者への「どけどけ」意識が、よわいものイジメの「復讐心」として、ふきだすのだとおもわれます。……(pp. 89-90)

　こうした鬱屈感をとりはらい、すっきりする経験こそ、たとえばカーレース観戦なのでしょうし、ほかにも、ゲームであるとか、テレビ・ビデオ・映画館などでの「カーチェイス・シーン」なのだとおもいます。ひとつでも「ボトルネック」があれば、公道は渋滞し、せっかく達成された加速化社会は機能不全をきたし、低速化してしまう。行列をつくらされたり、イスとりゲームをしいられたり、不愉快な現実を一時的とはいえ、わすれさせてくれるエンタテイメン

ト は、格好の清涼剤なのだとおもわれます[1]。

5-2
前方からの圧迫感

しかし、冷静にかんがえてみると、奇妙なことにきづきます。「でおくれた感」をはじめとした切迫感は、後方からの圧迫の結果です。しかし、渋滞などで心理的ストレスとして経験されるのは、前方からの圧迫感でしょう。うしろから「せかされる」感覚と、まえから「邪魔される」感覚とは、基本的に別種の圧迫感であるはず。

はい。もうおわかりですね。うしろから「せかされる」からこそ、いそぐ。いそぐからこそ、まえから「邪魔される」感覚＝圧迫感をおぼえる。この前後からの「いたばさみ」＝悪循環こそ、あせっているときのドライバーの一般的心理であり、そういった不愉快体験を一時的にわすれさせてくれる装置こそ、カーレース観戦や「カーチェイス・シーン」なのだとかんがえられます。スピードを疑似体感させる各種ゲームも同質でしょう。

5-3
「おもたい」という心理メカニズム

ところで、ウェブ上のデータをダウンロードしたり、ウェブ上へとデータをアップロードしたりする際に、通信速度が期待したより

---

[1] 倍速・3倍速のモードにかえられるゲームがいくつもあるようだし、「思考を一千倍に加速する」といった設定が物語にもちこまれているライトノベルもある（**ウィキペディア『アクセル・ワールド』**）など、ひとびとの一部が、「スピード感」にとりつかれていることは、あきらかだ。

おそいとき、「おもい」「おもたい」などと表現されますね。パソコンの動作速度がおそいときにも「おもたい」などといいます。たとえば、ダウンロードの進行状況表示などの「のび」という、「ながさ」概念が、「おもさ」概念として認識されるのは、なぜでしょう。そもそも、電子や電波のながれ・伝播であり、秒速3万kmとか超高速で導線内や空間を移動・伝播する電子情報に、「おもさ」概念は、ヘンですよね。「はやさ」概念のネガティブな感覚として「おそさ」概念を想定すると、「おそさ＝おもさ」と認識される、われわれの感覚はどこからくるのか？

　もうおわかりですね。われわれは物理的に重量物を実際に人力ではこぶ経験が激減して、他者や機材、最近では電子情報を利用することで、自分では物体をうごかさないようふるまう「省エネ・モード」で日常をおくっているのに、「おそさ」を「おもさ」の結果だと解釈する認識わくぐみから、解放されていないのです。「おそく」なるにはわけがあって、「おもさ」をもった物体があり、それをはこばなければならないという課題があると。物理的に全然重量物でもないのに、「おもたい宿題をせおわされたことになる」といった表現が多用されるのも、そのせいです。「気分がおもたい」という憂鬱感もそうでしょう。「人の一生は重荷を負て遠き道をゆくが如し、急ぐべからず」という、徳川家康公遺訓と一般によばれているおしえ[2]と共通した、「重荷」は「負担」を意味し、長時間労働（運搬）を暗示していますね。電子時代の21世紀も、こういった「負担感」には、本質的な変化がないとおもわれます。

　さきに、うしろから「せかされる」がゆえの、前方からの圧迫感＝「邪魔される」感覚の増加があり、前後からの「いたばさみ」＝

---

[2] 実際には、徳川光圀の遺訓『人のいましめ』がオリジナルのようだが。

悪循環が発生しているとのべました。電子情報の処理などに特徴的な、物理的重量物と無縁な作業におけるわれわれの「おもたい感」も、当人が整理できていないだけで、空間的な背後からの圧迫感と、前方からの圧迫感をおぼえている。よくからないけれど、時間的な「でおくれた感」があって、渋滞とか行列とかCPUの処理速度低下など「障害」を「すすめない感」(空間意識)を介して「まにあわない感」(時間意識)などとして認識する。自動車を運転中のドライバーも、パソコンなどの利用者も、基本的に物理的荷重をになっていません。でも、視野がすいすいながれるような「前進」イメージがすこしでもそこなわれると、「重荷を負て遠き道をゆくが如し」の負担感をおぼえてしまう。鬱屈感をとりはらい、すっきりする経験としての「カーレース観戦」「カーチェイス鑑賞」は、おそらく現代人だけの感覚です[3]。

5-4
「輸送力」幻想のひろがり

『たたかいの社会学』では、大衆がくりかえす代償行為として、芸能人／スポーツ選手／棋士など異能の有名人のパフォーマンス興行をあげました(7章　やくわり秩序　2節　芸能人／スポーツ選手／棋士などによる代償行為と、嫉妬心)。同時に、「はやいものがち」原理においたてられた個人個人の気分を反映しているの

---

[3] 20世紀前半の人間で、「すっきり」体験をあじわえたのは、高級だった自動車や航空機を利用できる特権層やドライバーたちだけだったろう。自動車や航空機を開発しようとした発明家たちを、なにがあとおししたか、19世紀の身体感覚をあとづける作業が必要だろう。また、航空ショーなどの観客が20世紀初頭、どのように、あおぎみていたかも、検証が必要だ。

が、スピード競技なのだと指摘しました（4章　業績原理の背後の官僚制、大量生産、社会ダーウィニズム　2節「流体」＝量的資源としての人材）。そしてスピード競技にかぎらず、距離競技や投票競争がゲーム的にマスメディアにとりあげられ、大衆的消費に供されるのは、「流速をきそわされている、量的存在としての個々人の投影物なのだ」とのべました（ましこ2000：91-2, 2007：93-4）。ここで、特にふりかえりたいのは、「跳躍競技にしろ、ハンマーなげにしろ、それは対象（自分の身体や道具をふくめて）の輸送能率のメタファー」だとした指摘です（同上：94）。

　おそらく、女性や老人、コドモにかぎらず、大衆のほとんどは、自分自身の非力さを痛感しています。いや、おおくの男性が世間しらずだった少年期に「スーパーマン」「ウルトラマン」（＝超男性）などをゆめみただろう点をかんがえるなら、男性たちこそ、挫折と失望の連続であり、自分の物理的非力さを受容すること（「権力」「集金力」「動員力」などへと目標をきりかえること）こそ、オトナになるプロセスだったかもしれません。であればこそ、格闘技や球技や陸上など、スポーツ興行のファン層の基盤は、成人男性だったのです。フィクションのなかでしかありえない、「スーパーマン」「ウルトラマン」とちがって、現役アスリートは、現実の、なまみの人間です。それが、まさに超人的なパフォーマンスをやってのける。これは、男性たち（もと少年）の、ゆめの代行ですね。そうかんがえると、カーレースにかぎらず、陸上競技、球技の一部は、みな「輸送能率のメタファー」として、「ちからもち」の象徴なのです。自分自身や鉄物体を重力・空気抵抗などに抗して高速で遠方まではこぶ。その際、自分自身をふくめた「重荷」を「輸送」する、隘路、障害物、邪魔者など、さまざまな障害をかわして、目的地まで無事とどける。いや、格闘技とかぎりなく性格がかぶる、ラグビーやアメリカンフットボールをみるにつけ、格闘技全体が実は、自分や自

分が警護する貴人（お姫様etc.）のゆくてを邪魔する存在をなぎたおす、障害物競走のようにもみえてきます。

　もちろん、古代ギリシャやローマで陸上競技や格闘技が興行としてさかんだったこと、世界各地で、格闘技や「ちからくらべ」が男性性の確認装置だったことなどをふりかえれば、人類に普遍的な現象にみえるでしょう。ひろい意味での「輸送能率」競争は、人類の、なかでも男性たちの永遠の課題だった。それが、電子情報の処理速度問題などにも、でているのだろうと。

　しかし同時に、男性たちが身体的強靭さをもとめられるケースが急減している現在。さきにのべたとおり、物理的に重量物を実際に人力ではこぶ経験が激減して、他者や機材、最近では電子情報を利用することで、自分では物体をうごかさないようふるまう「省エネ・モード」が支配的な都市社会の日常で、「ちからくらべ」は時代錯誤です。アスリートのパフォーマンスに大衆が興奮するのは、日常の「ものたりなさ」の反動でしょうし、だからこその「代償行為」なのです[4]。ひとびとは、「輸送」を他者・機材にまかせっきりにし、電子機器によって「輸送」をほとんど消失させることで、いわゆる「重量物」をあつかうことから解放されるほど、みがってな妄想にあそぶのではないでしょうか。

　すでに、バウマンが、物体のおおきさとか地理上の距離とかが重要ではなくなる傾向、移動時間とか通信時間とかが重要になる傾向を指摘したと紹介しました（2-1 軽薄短小で流動化した社会）。移動時間や通信時間がすくなければすくないほどよく、時間短縮技術や権利をにぎる人物・集団が強者とされるからこそ、「高速移動

---

[4]　男性アスリートが「スーパーマン」として、男性の例外的少数であるのに、あたかも男性性の代表かのような錯覚をひきおこし、女性蔑視が正当化されることは、ましこ（2005, 2007）。

5章　スピード感への耽溺現象の人類学

のソフトウェア世界」のように、「距離」を極小化ないし無化する時代が20世紀末に到来したのでした(バウマン=森田訳, 2001:153)。質量のない情報は複製のかたちで電送されるわけですから、物理的距離の無化＝「輸送」プロセスの消失の典型例です。テレポーテーション（瞬間移動）という夢は実現しなくても、たとえば「スカイプ（Skype）」をはじめとしたテレビ電話や衛星放送などは、まるで、あっているかのような疑似体験を提供します。すでにもちいた表現をくりかえすなら、SFないしは「おとぎばなし」での「魔法の世界」の到来ですね。

　ネパールの少数民族「シェルパ」、「強力(ごうりき)」、「歩荷(ぼっか)」とか、関釜フェリーで日韓を往復した「ポッタリチャンサ」（ふろしきをしょった行商人女性）とか、人間を人力ではこんだ「駕籠(かご)」や、現代でも無視できない人力車や自転車タクシーをはじめ、モノ／ヒトをはこぶ職業が貨物輸送へととってかわられ、カバー面積が激減しつつある現代。だからこそ、「輸送」の労力を極小化・無化する「魔法」のような日常（＝即時性／利便性／快適性）がマンネリ化すればするほど、逆説的に競走馬をみたくなったり、カーレースをみたくなったりするのでしょう。

6章
「ユックリズム」の含意とゆくえ

本章のあらまし

機械化・情報化によって、「省時間」が実現しているのに、皮肉にも加速化がやまない現代社会。しかし、過酷な労働現場の献身を享受する富裕層がヒマつぶしに余暇時間に大量消費するのと同様、ゆったりすごせるという時間的・精神的ユトリ自体が、経済階級的な格差の産物である。私的なケア労働で24時間365日体制にある女性たちが長寿化したこと自体は、日常生活の省力化の産物だが、ミソジニストらがひがむほど女性たちが有閑階級化したのかといえば、それはあやしい。そして、そういった「時間節約」志向があわただしくさせるという逆説のなか、こうした不毛な加速化現象への反発として、さまざまな減速志向がうまれている。禅寺での修行の一環としての清掃、登山やフルマラソンなど「苦行」、宮中祭祀や古典芸能、伝統的興行なども、その典型例だろう。そのなかで清掃活動は学校行事や企業などにも教育・修養としてしばしばもちいられてきた。加速化をふくめた合理性の徹底の進行と並行して、ゆっくり作業することがわざわざくみこまれるのは、非常に皮肉である。禁固刑やリゾート、マンネリズムの典型である家族アニメなども、その含意をかんがえてみると、加速化依存症社会ともいうべき現代における「ユックリズム」のもつ政治性の諸相をうきぼりにしてくれる。

4章では、心身をこわしては、それこそ「もとも、こもない」という大衆的な意識の具体的あらわれが「ときどきは、心身を適度にゆるめないと、こわれる」「がんばった自分（労働者）に、ごほうびを」といった意識であること、それを市場化したものが「リラクゼーション産業」の興隆、「観光産業」ブームだとかんがえられるとのべておきました。

　一方、そのような「余暇」産業自体が、勝間和代さんとそのファンに共有されている「すき間時間、体力、睡眠に投資する」といった「発想転換」、いいかえれば勤務時間以外のすべての生活時間の「資源化」＝超合理主義であることと「せなかあわせ」らしいことも確認しました。

　本章では、以上のような「余暇」にとどまらない、「ユックリ」の支配する時空を検討してみたいとおもいます。

6-1
家電製品など利便性の実現

　たとえば、「くわしい社会　小学校5年」と題する参考書（文英堂、2011年）[1]では、「くらしを変えた工業製品」という項目 (p.131) で、「工業製品と家庭生活」という記述をのせています。「近代工業の発

---

[1] 小学生むけの解説は、かれらがもつ知識量や理解力などを考慮して、成人の「知的消化力」とは異質で量的にも非常にかぎられた「メニュー」が用意される。大衆むけテレビ番組などと同様、そこには、過度の単純化がまぎれこみ、しばしば俗流イメージを脱していない疑似科学的なものもふくまれる。だからこそ、ジャーナリズムや公教育などが、一歩ふみこむことをためらう。ないし、ふみこむ必要性に無自覚で本質をはずしている現実を、かえってうきぼりにしてくれることが多々ある。たとえば、小学生むけの中学受験用参考書などが、その典型例だ。

達により，50年ほど前と現在をくらべると，わたしたちのくらしは，大きく変わっています」として、かま・かまど／すいはん器、せんたく板・たらい／せんたく機、はたき・ほうき／そうじ機、うちわ・ひばち／エアコンというかたちで、対比しています[2]。「家事を楽にした電化製品」「くらしを快適にする工業製品」という説明だけでなく、図解での対比には、「タイマーも可」「スイッチポン全自動」「スイスイきれい」「冷房も暖房もOK　タイマーでスイッチオン」などと、電化製品を単純に礼賛しています。「家事にかかる時間を少なくし，つらい仕事、めんどうな仕事が簡単にできるようになりました」という総括は、まちがっていないでしょうし、これらが、松下幸之助らの「水道哲学」の具現であることは、いうまでもありません。家事労働の時間・負担が劇的にへったことは、女性たちのなかに「美魔女」現象がとりざたされるように、加齢の急減という傾向としてあきらかにでているでしょう。すでに紹介したドイツの作家シュテファン・クラインの『もっと時間があったなら！』の一節もそれをうらがきしていました。

　　……実際には、人類始まって以来、こんなに時間があることはないのだ。家事もずっとらくになった。食器洗い機や電子レンジは、ほとんどの家庭にある。しかし時間が増えた原因は、なんといっても人類が長生きになったからだ。この百年で平均寿命は倍

---

[2] ただし、ここでいう「50年ほど前」との対比は、あくまで、戦後日本という時空でのはなしだ。小学生むけの参考書としては、これで充分であるし、それ以上ふみこむことは、理解・受験などに支障がでるだろうが、電化製品など無縁な生活をおくっている人口は、億単位でのこっている。電気炊飯器を必要とする空間など、日本列島周辺の一部だろうし、たとえば中国の各家庭が億単位で電気炊飯器等の利用に移行するのは、まだ10年以上かかるはずだ。

ちかくに伸びた。

　ヨーロッパではいま、70代の半分以上の人が元気で過ごしている。
(クライン＝平野訳, 2009：107)

　クラインは意識していないようですが、「人類が長生きになった」ことの相当部分は、経済先進地域の女性の長寿化なのであり[3]、そこには、医療・衛生・栄養環境の改善はもちろんですが、電化製品をふくめた日常生活の負担軽減、化石燃料と大量生産をもとにした便利グッズや各種サービスによる利便化が貢献しているはずです。

　しかし、「軽減した家事労働」という結論をくだしたフェミニストの見解を批判したとおり（3章）、女性たちの主観的負担感が家事労働からの完全解放だったかといえば、微妙です。「せわしさ」（主観的いそがしさ）は、すでにのべたとおり、50年まえ、100年まえより、ずっと「加速化」しているとおもわれます。森岡正博さんなど、「無痛文明」論等をあらわすことで、人類がラクをしようと徹底的に苦痛回避原則で技術革新をすすめてきたことに批判的な論者もすくなくありませんが[4]、苦痛回避や迅速化が追求された結果、本当に日常生活が「ラク」になったのかは、微妙な気がします。「灰色のオトコ」たちがはびこり、時間節約依存症の感染が急速にすすんでいるからです。それこそ、時間は節約すればするほどたりなく

---

[3]　近世期の日本列島の農村では、出産がらみで死亡することがおおく、男性よりも寿命がみじかかったようだし、結婚から末子出産まで20年ほどもあり、人生の半分以上が乳幼児のケアに忙殺される一生だったようだ（くろき2007：11, 42-3）。

[4]　「苦しみが生じそうな事態をあらかじめ予測しておいてその可能性を予防的に消去していく「予防無痛化」」（もりおか2003：52）を原則・選択肢とするような現代文明のこと。

なるという、ウソのような逆説が現代社会ではないでしょうか？

6-2
加速化社会の反動としての減速志向

そして、こういった無意味とおもえる加速化への反発（当然の生理的・心理的反応）として、さまざまな「ユックリズム」(減速志向；Slow Movement, Downshifting) が誕生してきました。おおくは、大都市部で多忙な毎日をおくる層のなかからうまれた、自省的回帰（復古ではない）といえますが、着目すべきは、「〜にかえろう」といったスローガンがマーケティングにも多用されるような風潮です。

たとえば禅寺が、日常のおつとめとして「日天掃除」[5]をおいているのは、清掃によって阿羅漢果をえたとされる、周利槃特の伝説など、修行の一環としてとらえられているでしょう。神社のばあいは神道の理念にそった「清浄」さの追求でしょう。そういった伝統的な空間で、電気そうじ機がもちいられるでしょうか？「御田」(＝寺社や皇室等が所有する領田）でおこなわれる行事のひとつ御田植祭も、それが耕うん機ではなく、「伝統」の（というより近代以前では普遍的なかたちでの）「てうえ（手植え）」が当然視されますよね。

これらは、よくかんがえると、実は奇妙です。修行のために、あるいは神聖な儀礼をおこなうとはいえ、わざと時間・労力・コストのかかることをすることが、なぜ、あたりまえなのか？ 逆にいえ

---

5 「毎日行なわれる寺院内外の清掃のこと」(「な行−禅の用語 『日天掃除』」『臨済・黄檗 禅の公式サイト 臨黄ネット』, http://www.rinnou.net/cont_01/words/words_na.html)

6章 「ユックリズム」の含意とゆくえ　　125

ば、時間・労力・コストのいる過程を、わざわざえらばないと、なぜ修行や神聖な儀礼たりえないか。

それはおそらく、前章でとりあげたように、「輸送」の労力を極小化・無化する「魔法」のような日常（＝即時性／利便性／快適性）がマンネリ化することで、ものたりない感覚がつのっているからでしょう。あるいはアスリートたちの超人的パフォーマンスを代償行為としても、一部のファン以外は、あきたらなくなるでしょう（だから、きまぐれな「流行」現象がくりかえされる）。そこで、うまれるのが、たとえばフルマラソンに挑戦したり、登山にハマったりなど、わざと体力をつかい、しばしばかなりの負担・リスクを覚悟するような行動だとおもいます。日常的に非常にいそがしい人間が、体調管理といった理由をつけることによって、かなりの時間と精力（体力・精神力）をさく。冷静にかんがえると不思議な現象です[6]。

同様な心理が、宗教的・伝統的行事、あるいは古典芸能周辺には、あるとおもわれます。多忙な日常があるからこそ、不自然なぐらい

---

6 もちろん、フルマラソン挑戦や、登山などが、気分だけではなく、体調もよくなり、心身の健康がましたという層も実在するだろう。しかし、多忙な人間がスポーツクラブなどにかよう時間をがんばって捻出するのが、どこか滑稽であるのとおなじように、退職者でもない層が、「余暇時間」を休息ではなく、かなりの時間・体力を要するスポーツ等にいれこむのは、やはり不自然だろう。勝間和代たちが主張する、余暇時間＝「しこみ」期間という方向性と、かなりかぶるとおもわれる。あるいは、北米のヤッピーたちがスポーツクラブできたえあげた肉体に「戦闘服」たるスーツをきせようとしてきたように、誇示的消費といえるかもしれない。ステージにたつためのパフォーマー同様、「しこみ」プロセスを充分に確保できること＝「かちぐみ」という誇示であり、身体や余裕をもった表情等が、（スタイル・宝飾品などとならんで）ライバルにまけないための必要不可欠なアイテムになっているなど。

非日常的な時間帯を確保する。尋常ではない「公務」をこなす皇室が、年に何度か移動する「御用邸」などへの避暑・避寒。ほぼ毎月のように行事がくまれている「宮中祭祀(きゅーちゅーさいし)」などをふくめて、そこでは、せかせかした日程などがくまれているはずがありません。天皇新穀を奉じ、みずからも食す「新嘗祭(にーなめさい)」なども、スーツなどで外国からの使節などを饗応する天皇皇后が、わざわざ「平安装束」でおこなう以上、きわめて非日常性がつよいといえます。真剣に儀礼を維持しているひとびとには、はなはだ失礼ですが、こういった非日常的な演出のためにこそ、日常的に追求されている合理性とは正反対の価値観が浮上する。いいかえれば、時間・体力・精神力・経済力が全部動員されるような、「ムダ」な非合理的時空の演出こそ、わざと装置としてくみこまれているのです。たとえば、活動性にとぼしく、地震や火災などがおきたら、にげおくれそうな、古代貴族の衣装をみにまとうこと。衣装にかぎらず、ヘアメイクなどのみづくろい。儀式に動員される高級な道具や手のこんだ舞台・照明等。ありとあらゆる「道具だて」と、そこに投入される、ヒト・カネ・時間、いいかえれば「きあい」の総量。これらは、なにも皇室の「宮中祭祀」にかぎらず、古典芸能や伝統的興行には、つきものの「ぜいたく」です。大相撲しかり、能楽しかり、歌舞伎しかり。これら古典芸能や伝統的興行は、すべて、せかせかモードとは正反対の空間でパフォーマンスがなされます[7]。おそらく、こういった時

---

7 たとえば、公教育のなかで自明視されてきた習字、正月に年中行事とされる「かきぞめ」などは、典型的な非日常系「減速志向」であろう。てがき用の各種のペンの膨大な開発史への反動であるかのような毛筆。墨汁（19世紀末日本で発明された）でなく、固形墨を硯（すずり）でするなどは象徴的。

大相撲が、NHK によってテレビ中継されるようになったことで、18時

空では、物理的時間とは別個の心理的時間がながれています。すくなくとも、つとめ人が通勤時間や勤務時間中、そして帰宅後に感じている時間経過とは異質な時空が出現している。電子レンジで加熱したり、食後に食洗機をつかおうとしたり、クリーナーでゆかをきれいにしようとしたりするような省力化が、かりに伝統芸能の家元の自宅や相撲部屋の運営にもちこまれていても、舞台上や土俵まわりに電動クリーナーが動員されることなく、「呼出」さんが、ほうきで、はききよめるように。

6-3
「修行」としての清掃活動

　おそらく、「日天掃除」をまねたのだろう公教育での清掃活動も同様です。電動クリーナーなどはもちいず、ほうきやモップなどで生徒が、ゆかなどをきれいにしていく作業を自明視してきた学校文化の背後。そこには、利用空間の清潔さを維持することと、感謝の精神を献身的姿勢でしめすという奉仕・清浄意識とが分離できないかたちで融合しているでしょう。奉仕的な心身の維持が、「修行」という学習行為なのだという仏教・武術・芸道などに通底する教育思想がそこにはみてとれます。学校教育という、列車の時刻表のごとく時間割どおりに運営される空間にとって、数十分もの「そうじ」時間は、かなりの負担なはず。そうであれば、なおさら作業効率をあげるために、電化をはじめ現代的な機材の導入はあって当然のはずです。しかし、各種クリーナーなどが導入されることは今後

　　をめどに「結びの一番」がおわるようになってきたなど、立会までの時間
　　が変化したことが指摘されている。興行としての大相撲が、江戸相撲など
　　近世期とは異質な時間文化となったことは、あきらかだ。

もなさそうです。それは、熱中症対策としてようやく夏季のエアコン作動があたりまえになりつつある公立小中学校などの状況とならんで、単に予算上ケチだから、ということだけでは説明がつかないものをかかえているとおもいます。

もちろん、悪意で義務教育段階をみるのであれば、たとえば、つぎのような皮肉っぽい位置づけも可能でしょう（著者による『現代版「悪魔の辞典」』で失礼）。

> 【公教育】現代日本のばあい文教予算は限界ギリギリまできりつめられており、OECD諸国のなかで最下位グループに位置する。貧困層など、私学・国立校にかよわせられない、学習塾等にもかよわせられない層に最低限の教育サービスをほどこす所得の再分配のひとつにすぎず、事実上託児施設であり（高校までいれれば、ハイティーンまでカバーする巨大託児所）[8]、学力維持・向上などは主目的ではない。
>
> 学習塾とちがって、単位時間あたりの効率がもとめられているのではなく、午後の3時台4時台まであずかり、成人の視野からはずれる空間に「放牧」しないでおくこと（≒監視＋規律訓練＋時間つぶしサービス）こそ、公教育なのだ。

といった、虚無的公教育観です。そこに、ビルメンテナンス会社などの業者をいれる予算などくむ発想がはいるはずもありません。収容施設として、ほこり等がまいあがってアレルギー発作をおこすとか、給食等にふりかかるような不潔ささえ回避できればよい。そも

---

[8] 実際問題、中学・高校のクラブ活動などは、顧問の教員が実質サービス残業で指導・監督しており（熱意や指導レベルはともかく）、「託児」時間のながさ、保護者の負担軽減は、驚異的に「やすあがり」にすんでいる。

そも短時間にピカピカにみがきあげるような必要もない。教育的効果もあることはもちろん、電動クリーナーなどをつかわないこともあいまって、エコノミカルかつエコロジカルで「一石三鳥」であると。

しかし、学校での「そうじ」が教育的な目的をこめられている点は、うたがいようがありません。たとえば、つぎのようなウェブページの存在[9]が一部の特殊な論者による妄想とはとてもおもえません。

1. 学校教育における清掃指導

国際的にみると，学校教育の中で，毎日子どもたちに校内の掃除をさせるという国は多くない。

欧米では，校内の清掃は移民などの低所得階級においては貴重な賃金労働の職種でもあるが，日本の学校教育において，校内清掃の意義は少なくない。また，家庭生活のライフスタイルの変化により，家では箒を扱った経験のない子や雑巾がけの経験のない子が激増する中，学校教育の中で清掃指導の役割も多様な意味が発生している。

しかし，学校生活における何らかの罰として清掃を強要したり，何らかの特典として清掃を免除したりする指導が行われる現場があったり，その場に適した清掃の仕方などを指導することなく，態度のみを評価する現場があったりすることも事実であり，清掃指導に関しての教育的意義をあらためて問い直す機会が必要である。

★清掃指導に関しては，通常の場合，各学校の公務分掌の一つ

9　http://cert.shinshu-u.ac.jp/gp../el/e05b1/class12/class12.htm

として「環境美化」などの名称で担当が決められています。そうした係から年度当初に清掃分担表や目標等が提出されるのが通例です。

2. 学校教育における清掃指導

　学校教育において，勤労奉仕の精神を培うという主旨に反対する人はいないだろう。しかし，そうした個人の内心に関する問題を，具体的な形で義務化したり，単位化したりすることに関しては，賛否両論の意見が出る。
　以下の事例をもとに，この点について議論してみましょう。

　→　都立高校生の社会性を高め、勤労観・職業観を育成する取り組み（東京都）
【奉仕体験活動必修化】
　東京都教育委員会では、全国で初めての取り組みとして、すべての都立高校に新たな教科・科目「奉仕」（仮称）を設置することを決めた。
　この「奉仕」の授業は、生徒が奉仕の意義について学び、奉仕体験活動を実際に行うことにより、思いやりの心や社会性を育成することをねらいとしている。また「自立できない若者」の増加への対策を兼ねているという。
　生徒たちが行う奉仕体験活動として、福祉施設等での支援体験活動、野外活動やスポーツ活動の指導や支援、文化的行事の援助、清掃活動やリサイクル活動等の環境保護にかかわる活動などを予定しているとされ、現在、平成19年度からの必修化に向けて、具体的な内容の開発や、実践研究校での研究を進めている。

このようにみてくると、すくなくとも、学校関係者は、「環境美化」という大義名分のもと、生徒に「奉仕」「自立」など、明確な教育的意義をうたって、生徒に義務としてかしていることがわかります。生徒・教員が実際どううけとめているかとか、理念と実態のズレは、もはやどうでもいい問題といえるでしょう。軍隊や相撲部屋のような共同生活の自立的な環境維持という実利的次元はともかく、そこには禅宗での修行ににた徳目がこめられているのであり、「清掃指導」は、教員がまようことなく指示すべき項目なのです。

　そして、学校にかぎらず、一部の営利企業が、会社の敷地内はもちろん、周辺地域まで清掃活動を社員にになわせている例などがみられる以上、すくなくとも、近代日本においては、効率重視などの実利的な面から、清掃活動がくりかえされているのではないといえそうです。営利企業が利潤を極大化し、商品の質の維持に専心するためには、清掃活動などで気分転換するよりも、専門業者にメンテナンスをまかせるのが合理的だろうとおもわれるからです[10]。すくなくとも、清掃活動をみずからおこなう時間帯の位置づけになっとくしていない従業員がいたとすれば、ムラ的な同化圧力でボランティアというなの労働の強要をくりかえしているわけで、企業が環境美化コストを、従業員に無償労働として奉仕させていることになり、それこそ、労働法上問題でしょうし。しかし、学校や企業など

10　たとえば食事に関しては、小企業などでは、社長みずからが昼食を社員に職場で自炊提供するところなどもあるようで、本業とは無縁の時間帯の意識的確保が、スタッフ全員の精神状態やモラールをいい状態にたもつ可能性はある。しかし、大企業で社員食堂を確保せず、自炊するようなシステムは非現実的だ。基地内での食事が、「海上自衛隊、航空自衛隊の場合は調理に当たる隊員は専門職」（**ウィキペディア**「**給食**」）によることなどをみても、飲食業の「まかない」や相撲部屋のようなケースは例外的だといえる。

が清掃活動を恒常的にくみこんでいるとすれば、そこには、よくもわるくも精神主義が作用しており、そこでは、中核的時間とは異質な時間帯を意識的にくみこんでいることは確実です[11]。具体的な清掃活動のなかで、てさばきなどははやかろうと、ともかく、通常作業とは直接関係ない「作業環境」維持活動をじまえでおこなうという約束ごとは、「休憩」とは異質な「ゆっくり」の実践なのです。

バウマンらが指摘したとおり、企業にかぎらず、物理的な移動だの加工だのといったプロセスは、減少する一方です。そこへの時間やエネルギーの充当はへります。それでも、せわしい感じがぬけないのは、マクドナルド化など超合理化圧力ですが、それをうまく回

---

[11] しかし「精神主義」が実質的には空洞化している可能性もある。たとえば、教育社会学者の鈴木翔は「スクールカースト」において、清掃時の道具選択に歴然とした優劣が存在することを教員自身が把握しているとする（すずき 2012：222, 224-5）。清掃活動が生徒の能力や人格を陶冶するための不可欠のプロセスと信じられているなら、「いつもホウキ取るやつは、勢力強いやつ」「雑巾（は）最下層……やっぱ絞んなきゃいけねえし、臭いし」（同上：222）といった冷酷な描写はありえないだろう。清掃活動にとどまらない（体育祭や委員会など学校行事等にも貫徹する）差別構造ともいうべき生徒間序列を、教員は必要悪として黙認というより教室運営（秩序形成）に利用している構造を鈴木は指摘している（同上：252-63）。

　自己満足、ないし「時間つぶし」としかおもえない、過剰なばかりのクラブ活動や、委員会活動、運動会等の年間行事などにとどまらず、いまどきの時代に、異様なほど「肉筆」にこだわる体制もうたがってかかる必要がある。てがきするという過程に執着する教員文化（大学まで）は、「てをつかってアマタを活性化する」とうたいながら、つねに修行的な要素をまとわりつけており、パソコンによる記録・表出などを授業や諸活動から極力排除する文化を維持させてきたとおもわれる。それは、中古パソコンなど IT 関連機材の価格破壊状況をみれば、異様な状況であり、コスト面からだけの説明は、不自然すぎる。肉筆至上主義の異様さについては、ましこ（2012b）参照。

避できた組織は、機械などがもたらした余裕時間を「ゆとり」へと転換していくでしょう。企業の清掃活動（工場内の環境整備とは無縁な）などは、その一例かもしれません。

6-4
「修行（？）」としての禁固刑

　政治学者のダグラス・ラミスさんは、ラディカルなリベラル左派系の思想家ですが、「過激な運動」などでご自身をふくめて関係者が受刑者となったなどの御経験がないようで、つぎのような事実誤認にもとづいた議論を展開しています。

> 　スピードがすべてとなっているこの社会で、犯人をどこへも行けない状態に置くことを刑罰とする。怠惰が罪悪となっているこの社会で、犯罪を犯した人に怠惰を矯正することを刑罰とする（日本では「懲役」刑の人は働くが、もっと重い罪を犯して「禁固」刑で罰せられる人は労働は禁止される）。時は金なりの社会で、犯罪者は社会に対する「負債」を時間の形で払わされるわけだ。
> 　　　　　　　　　　　　　　　　　　　　（ラミス2003：60）

　破廉恥罪に科せられた懲役刑がもつ社会復帰のための技術研修を科せられないのが禁固刑でしたし、「無期の禁錮と有期の懲役とでは禁錮を重い刑とし、有期の禁錮の長期が有期の懲役の長期の二倍を超えるときも、禁錮を重い刑とする」（刑法第10条）とある以上、禁錮の方がかるいはずです。

　「請願作業」あるいは「名誉拘禁」といった制度によって「刑務作業」に服すことができます（ウィキペディア「禁固刑」。もちろん、自分かってな職務をつくることはできない）。また、「ILO条約であ

る「強制労働に関する条約」第4条で」「権限ある機関が私人、会社、団体の利益のために強制労働を課したり、課すことを許可することを禁止したりしていることを理由」にした批判さえあります（ウィキペディア「懲役刑」）。

　しかし、この自由刑（懲役刑と禁固刑）の位置づけは、さきの清掃作業の強要とかさねあわせると、重症患者の強制入院などと同様、逸脱者を社会から罰として隔離し、個人・社会のリズムからきりはなすことで「矯正」する。「治療」「反省」「矯正」などという大義名分によって、「修行」を強要する過程＝時間支配空間なのかもしれません[12]。

---

[12] たとえば、つぎのような、受刑者の体験談（ブログ記事）は、虐待という色彩が否定できない。

　「ムショは姿勢や言葉遣いにも異常に拘る。礼は90度、地面と水平まで頭を下げないといけないし、背筋はピンと張って、指はいつもビッシと付けて居ないといけない。刑務官への言葉遣いは重要だ。まぁ、軍隊で言うところの、士官と部下と言う感じだろうか。

　他には帽子の被り方、行進の仕方、起立の仕方、靴の仕舞い方、と挙げればキリがない。

　大体が、手段が目的化してしまっていて、「一体何の為（理由）で、そのような事をしなくてはいけないのか、判らない」と言うケースが多い。

　他の特徴的なのは、ムショでは、なにはともあれ、「申し訳ありません」「すいませんでした」と、刑務官に謝らなければいけない。

　「気を付け」の号令に、一瞬反応が遅れて「すいませんでした」、手が体側にぴったりとついて居なくて「すいませんでした」左に並べ、の号令に、一瞬右を向きかけて「すいませんでした」作業中、足を動かして「すいませんでした」　一瞬、顔を上げて「すいませんでした」タオルをキレイに懸けていなくて、少し曲がっていれば「すいませんでした」等々、その他、些細な事まで、「すいませんでした」の嵐である。

　俺は36年間生きて来て、ムショに入ってから、半年間で、36年間「す

6-5
「リゾート」志向の心理メカニズム

　ここでとりあげたいのは、温泉地や沖縄などリゾート地の社会的位置づけです。これらの地で期待される「リラクゼーション」が、労働の再生産的なプロセスであり、温泉地をふくめたリゾート地が、元気をとりもどすための時空として位置づけられているのは、あきらかです。ひとの休暇期間に（かなりの程度、きぜわしい準備等をこなしつつ）対応することで生活しようという生業は、かなりの程度逆説的ですが、リゾート関係者にかぎらず、リラクゼーション業界関係者は、病院関係者や福祉関係者と同様、時間差で、休暇・療養等を分担して、生活している業界人ということができるでしょう。

　本章でとりあげるのは、そういった観点ではありません。サービス業として当然ですが、リゾート地は、客のリラクゼーションを促進する空間ですから、すくなくとも、ゆったりした対応を基調とします。もちろん、なにか有事の際には、スタッフはいそぐわけですが、基本は、「ユックリズム」です。そこで、ファストフードなどが基調とする、マクドナルド化の進行は極力ふせられます。

　　いませんでした」と言った回数の、軽く10倍は、もう言っていると思う。
　　刑務官に謝る事で、被害者なり、社会に謝っているのかもしれない。」(黒羽刑務所　実刑3年リアル獄中日記「獄中日記　2013/6/1(土)その2」2013-06-17)
　「居室内の姿勢，動作の制限，正座，安座の強制，それから工場内での交談の厳格な禁止，わき見禁止をもう少し緩和してほしい」(法務省「行刑改革会議　第1分科会　第7回会議」(2003/12/01)といった批判がでている以上、刑務所内が「更生」を大義として、抑圧的な拘束空間が維持されているおそれも。

もちろん、「時間がゆったり流れる島」といった空間ブランドも存在します。「沖縄」ブランドがその典型です（みやざと2003）。おもてなしするスタッフだけではなく、生活者としてのウチナーンチュ自身が「ユックリズム」の体現者であるというイメージです。「沖縄」は米軍統治下、ファストフードの定着はヤマトのマクドナルドに先行していました。日中はたらいているウチナーンチュ自身は、当然のことながら、そこそこいそがしい。都市部は当然です。沖縄ソバをはじめとして、ファストフード店がたくさんある地。でも、たとえば那覇市内のマクドナルドの店舗などは、植民地のようなものでしょう。沖縄の「ユックリズム」は、居酒屋などもふくめた飲食店などにも通底する基調であり、マクドナルド化を戦略上隠ぺいしているわけではありません。それもあって、「時間がゆったり流れる島」といった空間ブランドが成立し、実際旅行業界や航空機業界などは、パンフレットなどにそれを前面におしだすと（ましこ2002）。

　しかし米軍基地やそれをもたらした沖縄戦等の歴史的経緯をまるでないかのように視野からはずして「いやし」（ましこ2002：124-5）をもとめる観光客たちや「おばあブーム」「移住ブーム」などには、きびしい視線がなげかけられてきました（ちにん2010：161-4、ちにん2013：25-6, 30-1）[13]。

　わたしたちは、ハワイやグアムなどのリゾート地が、同時に米軍基地が隣接する軍事植民地と「せなかあわせ」であることを、わす

---

[13] ユックリズムをはじめとして「いやし」をもとめて頻繁に往復したり長短さまざまな「移住」をこころみるヤマトゥンチュ（日本人）の「沖縄病」「沖縄フリーク」問題については、ストーカーなどアディクションの問題としてとりあげた（ましこ2013：173）。沖縄病の詳細は、たかはし（2011：265-96）。

れてはなりません。リラクゼーション業界が展開するブランド空間は、歴史を消去し、差別をふくめた政治性を隠ぺいすることで成立するのです。その意味で、リラクゼーション業界に依存する心理を誘発する労働条件やそれをしいる資本のながれや、ひたすら現地に「いやし」をもとめる利用客など、つかれた「ビジネスマン」たちとは、無自覚なままにハラスメントの被害者にして加害者なのかもしれません。沖縄やハワイなどへの旅行客の量的拡大が、本当に「いいこと」なのかどうかは、景気動向とか、観光産業市場とか、そういった問題とは別個にかんがえる必要がありそうです。

6-6
アニメ『サザエさん』のマンネリズムの含意

　ここでもうひとつとりあげたいのは、ギネスの世界記録を更新中の超長寿アニメである『サザエさん』です。このアニメでは、黒電話のときとプッシュホンのときがあるなど、一貫性のなさなどがしばしば話題になります。しかし、なんといっても、ケータイ／スマホ／電子レンジ／エアコンなど電子機器・電化製品のたぐいがほとんどでてこないことなどに象徴される、突出した「ユックリズム」「シンプルライフ」が特徴となっています。定時退社をおこない、駅からあるいて帰宅する男性たちは、ケータイで連絡をとることもなく、カサを駅にもってこさせたりします。1970年代中期で時間が停止した『ちびまる子ちゃん』のような作品ならともかく、21世紀をえがいているらしいアニメ『サザエさん』は、一種異様なアナクロニズムを呈しているといえるでしょう。

　まぬけなコソ泥以外、悪人等がほとんどでてこず、悲惨なことなど絶対にえがかれないホームドラマには、深刻な社会現象などもちろん皆無です。晩婚化・非婚化などをふくめた少子高齢化なども存

在しないかのように近隣がえがかれています。原発や米軍基地や過労死などが話題にのぼらないことはもちろん、失業者やホームレスさえ不在です。こういった徹底的に非政治的な舞台が維持されている点で、ディズニー・ワールドとそっくりです。これは、長谷川町子が執筆しつづけた、マンガ『サザエさん』とは非常に対照的です。時局をうつしだす社会風刺が後期の作風の中心だったし、食卓も1970年前後にダイニングテーブルにかわるなど世相をちゃんと反映していたマンガとちがって、21世紀をえがきながら時空がとまっているアニメ放送。これは、季節がうつりかわりながらも登場人物の年齢などが停止している、という奇妙な時空よりも、さらに不自然な世界です。

　では、なぜこのような不自然な虚構が驚異的な視聴率をうしなわないのか。本来は、その徹底的な解析にページをさくべきでしょうが、ここでは、定時退社で「もちかえり残業」なども皆無でありながら、中産市民として実にゆったりとくらす平和そのものの家庭が、どこにも存在しないユックリズムを表現している、ということを指摘するにとどめておきましょう。これは、皇室儀礼や神道儀礼の非時間性と通底しているのではないかと。

7章
つかいきれない速度：大量生産・高速輸送がもたらす飽和と大量廃棄

本章のあらまし

技術革新は大衆の生活水準を一変させたが、利便性・安楽さの副作用ともいうべき、弊害・リスクもはらんでいる。それは、消費・廃棄過程を加速化し,量的拡大をしいる過剰供給状態（大量生産・大量輸送）がもたらしたものだ。おそくとも20世紀末から、経済先進地域の大衆は、薄利多売商戦の対象として「満腹感」をおぼえており、「陳腐化」や「消費期限」などで消費をあおろうにも、消化剤・下剤的な購買促進には限界がある。「断・捨・離」といった大量廃棄を前提にした整理術と、「ゴミ屋敷」は一見反対にみえる。しかし実は、両者は消費財・情報の「未消化」を前提にした販促キャンペーンの構造的産物だし、その背景は商品群全体の価値低下にある。

7-1
技術革新がもたらした過剰生産・市場飽和

　高度資本主義が、究極のローコスト化と軽量化を実現したのは、複製技術／輸送−通信技術の徹底利用でした。ちいさなフィーチャーフォンが、軍用トランシーバーにさえみえた初期の「携帯電話」をはるかにしのぐ機能をもつこと。それ以上に、ちいさなスマートフォンが、初期の巨大コンピューターと異次元の機能をもつことは、技術革新を象徴する「進歩」です。情報処理技術を中心に「ムーアの法則」がまさに時代をかえたことは、すでにのべたとおりです。しかし、『インターネットは「僕ら」を幸せにしたか』という、そのものズバリの警告本 (もり2005) があるように、利便性（goods）とともに、弊害・リスク（bads）も急増しているというのが、ネット社会にかぎらず、グローバル化時代の現代社会に対する一般的な印象ではないでしょうか？ すでにのべたような無数の深刻な問題が山積し、悲観的な層にとっては、すくなくとも「功罪あいなかば」といった感じではないかとさえおもいます。

　では、この、われわれ現代社会の住人が、共通してかかえる問題の本質はどこにあるのでしょう？ 加速化の、いったいどこに問題があるのか？ (前々章で検討した、スピード感への耽溺etc.)

　端的にいえば、情報生産を極として、慢性的な過剰生産状況が「固定化」しているのだとおもわれます。いいかえれば、消費者が「消化不良」状態で、それこそ「胃腸薬」や「下剤」を必要とするぐらい過剰生産・過剰流通が慢性化した「市場飽和」状態ですね。とりわけ、バブル経済が崩壊し、一方、ネット社会が完全定着した1990年代中盤ごろから、「うれる商品を開発するのが困難」という、それこそ、慢性的なデフレ状態が市場経済をおおっているような気がします。

驚異的な生産・輸送・転送技術のおかげで、大量生産・大量消費、そして大量廃棄が可能になったわけですが、消費者がわには慢性的な「満腹感」があります。いくら大量消費するといっても限度があり「消化不良」をひきおこすからです[1]。高度経済成長期からバブル経済期まで、基本的には「つくれば、うれる」という、ある意味「売り手市場」だったのが、完全な「買い手市場」と化したのです。
　慢性的な「満腹感」をきりぬけようと、生産者たちは「陳腐」化をとりました。かつての乗用車・パソコン・ケータイなどのモデルチェンジ戦略です。流行をつくりだそうという、アパレル業界などは、その最たるものでしょう。1年後のおなじ季節には、流行おくれであるかのような感覚を、特に都市部のわかい女性にいだかせることこそ、アパレル業界ほか「流行産業」の基本です。なまものではないのに、あたかも「賞味期限」があるかのような錯覚をいだかせ、市場規模を維持するわけです。芸能界とか放送業界、出版業界なども、同質でしょう（芸能人や政治家、かれらをネタにしたゴシップなどは、「なまもの」そのものでしょうが）。
　しかし、こうした「陳腐」化戦略は、そのうち「陳腐」化します。「陳腐化戦略自体が陳腐化する」という皮肉な宿命があるのです。基本的構造は、つぎのようなものでしょう。

---

[1] 仏僧小池龍之介は、価格破壊系の店舗の普及で、大量購買層がでていることをとりあげる。たとえば、2万円のものが5千円になっているから、1万5千円得したといった幻想によって、欲求がかきたてられ「本当なら必要ないかもしれない」商品をムダがいさせる商法とそれにひっかかるメカニズムを批判している（こいけ2010：154）。しかし「買い物依存症」でもないかぎり、収納スペースの限界などもはどめとなって、過剰購買を大量発生させることには限度がある。あきたりて、「満腹感」も発生し、際限なく商品をかわせつづけようという商戦は、あたまうちをかならずむかえる。

7章　つかいきれない速度：大量生産・高速輸送がもたらす飽和と大量廃棄

①「陳腐化」しようにも、無限に新作ネタを考案できるはずもなく、早晩ネタぎれをむかえる。
②「陳腐化」しようにも、一部の「定番」だけが安定的にうれ、それ以外は不人気（芸能系でいえば、「クラッシック・バレエのカリスマ・ダンサーはときどきでるが、コンテンポラリーなどでは、みんなにしられるようなカリスマ・ダンサーはほとんど誕生しない」とか、「ネタばれの古典劇ほど皮肉にも人気」とか）。
③そもそも「消費者」は「膨満感」をかかえ、「新作」などほしがらない。

などです。テレビ番組などで、一部の人気タレントを延々とつかいまわしするとか、芸のないバラエティだの旅行番組だの、グルメものなどが、くりかえされるのは、「新作」がうけないこと、「定番（マンネリ）」がかなりの程度人気を維持しているからに、ほかなりません（スポンサーの窮乏化による制作費カットだけでは説明がつかない）。おそらく、俗に「二八の法則」などともよばれる「パレートの法則」にちかい経験則がみられるのでしょう。たとえばコンビニなども、カップめんなどを中心に、めまぐるしく新商品がいれかわるそうですが、人気順位上位２割程度の「定番」が８割前後の「うりあげ」をしめてしまう。つまり、それ以外の８割前後の商品群は、いれかわりたちかわり「新作」となって登場しながらも、結局は２割程度の「うりあげ」しかしめないと。薬品メーカーなどでは、巨額の投資を前提にした新薬開発競争がくりひろげられていますが、これだって、ヒット商品は、ごくマレにしかうまれないのだとおもいます。ましてや、いきていくための必需品ではない商品群は、消費者の気まぐれからのがれられません。

また「賞味期限」をちらつかせる消費のあおり戦術も、「賞味期限」がきているようです。「陳腐」化戦略自体が「陳腐」化するという、皮肉な宿命があるとのべましたが、構図がにているようで、すこしちがいます。「陳腐」化戦略には、供給がわに限界があるだけでなく、需要が飽和しているという、そもそも「かべ」が厳然とあるのでした。「陳腐」化戦略とは、「満腹」状態を打開するために、「胃腸薬」と「下剤」を同時服用するような、ムリヤリがあきらかだったのです。しかし、「賞味期限」の強調は、おなじように消費をあおるようにみえて、本質はちがいます。「流行おくれだからダメになった」というのが「陳腐」化戦略なら、「賞味期限」の強調とは、「もはや利用不能なので、とりかえ不可避」という論理で、利用者のこのみなど関係なく、うむをいわさぬ「更新」なのです。しかし、この、いたけだかな「賞味期限」の強調は、確実に自縄自縛をもたらしました。基本的構造は、つぎのようなものでしょう。

　①そもそも生活必需品ではないので、「だめなら、もういらない」と、つっかえされた。
　②なまものではないのに「もはや利用不能なので、とりかえ」という論理が反感をよんだ。
　③「もはや利用不能」論は交代不可欠論[2]なので、「利用不能」の立証と、ニューモデルの絶対的優位の立証を必要とした。生活必需品ではない商品は、その双方が本質的に困難。

2　聖書につぐ世界史上のベストセラーといわれるマルクスの『資本論』は初版千部だったとかで、最初から万単位でうろうとする日本やアメリカなどの出版社は、薄利多売系だし、そもそも過剰生産なのだとおもう。「読者」が「満腹」するはずだ。

7章　つかいきれない速度：大量生産・高速輸送がもたらす飽和と大量廃棄

マグロや牛肉など、たべないといきていけないわけではない食材は、負担感がたかまれば、中層以下の市民はひきあげます。富裕層は、接待以外には、必要不可欠といった動機ではなく、趣味・余裕で選択しているわけで、「賞味期限」論であおられません。「いまだけセール」戦術は、詐欺商法のカモになりそうな中途半端な層だけが標的であり、富裕層の巨大な金庫も大衆各層の警戒感あふれるサイフも、どちらもひらけないでしょう。

　結局、マイクロソフト社のOS[3]のモデルチェンジのように、格差を痛感させる陳腐化をくりかえすとか、脆弱性是正を合理的根拠とした更新サービスの一方的うちきりとかいったような準独占状態のマジック商法でも確立しないかぎりは、いつまでもヒット商品をだしつづけるような芸当は不可能だと。「陳腐」化戦略には、致命的な限界が宿命的にはらまれているのです。

7-2
「未消化」のままふえつづける商品

　「ゴミおばさん」「ゴミ屋敷」など、自分自身で到底処理しきれない量の「廃品回収」に没頭する層は、おそらくは精神障害ないし知的障害の一種なのでしょう。かのじょたちの「もったいない」「もうしわけない」心理は時代錯誤的であるだけでなく、すくなくともその「回収」行為は、自分の消費量を過大評価した誇大妄想的行動にほかなりません。しかし、①「断・捨・離」といった意識的

---

[3] マイクロソフト社など突出した半独占企業も、将来的には想定外の新興勢力によって、あっというまにその地位をうばわれるような予感がする。

な廃棄作業をそれこそ加速化しないかぎり製品がたまりつづけるような購買活動、②それを可能にしてしまった薄利多売を前提にした大量生産・高速輸送、③「収納スペース」を理由に大量廃棄される現役商品等の集積がなければ、「ゴミおばさん」「ゴミ屋敷」現象は発生しようがなかったでしょう。これら周辺の異様な事態が、20世紀末まで発生しなかったことをもって、それ以前が「ゆたか」でなかったとするのは、それこそ文明論的にまちがっているでしょう。大量廃棄を前提とした大量消費と、それをおりこんだ大量生産すべてが、「過剰」なのです。

　このようにみてくると、たとえば陰謀論的な資本主義観としてしばしばかたられてきた、「投資家たちが私腹をこやそうと、過剰に消費するよう（たとえば覚せい剤依存症のようなカラクリを用意して）悪魔のように暗躍している」といった構図では、市場経済の実態は説明しきれないとおもいます。たしかに美容整形外科とか、暴力団やキャバクラ・ホストのような性風俗、また闇金融のように、依存症患者にたかっている業界は実在します。しかし、過剰生産も過剰消費も、その本質は自己確認という社会病理の産物だろうとおもわれます。

　過剰な物質・サービスにとりかこまれることで、経済先進地域の住民は、ますます不安にとりつかれ「不満足」な日常をおくっているのです。「たることをしる」という人生観がすたれ、「なにかものたりない」という意識にとらわれる。すでにのべたとおり、経済先進地域の住民はだいぶまえから「満腹」状態なので、市場が活性化するほどには、かう気になれないし、実際購買欲求はさほどではないのだけど、過食症と同様、かわずにはいられないのです。実は、「新商品」のおおくは、「満腹状態」でも不安解消のために「つめこまずにはいられない」層がとびつく商品群なのであって、本当に必要な商品である保証などないとおもわれます。「なにかものたりな

い」という意識にとらわれる不安な市民をとびつかせる商品こそ、企業が必死に「開発」にとりくんでいるものなのです。

　こういった考察によってえられる仮説とは、つぎのようなものです。

> 　経済先進地域の生活者たちは不安につきうごかされ、過食症的消費をせまられている。そして大量生産システムは、モノの生産時間からの「解放」をもたらすので、意識的にスポーツなどをしないといけない（肥満になったり、不安になったり）心身においこまれる。それは「ヒマ」という、おそるべき不安とのたたかいでもあり、ひとびとは時間を浪費する（ヒマつぶしの）ために商品をかいこみ・利用する。実は、過剰なものでみたされている児童と退職者たちの生活は、現代消費社会の矛盾の凝縮した時空といえる。「断・捨・離」とか「ゴミおばさん」といった現象は、こういった異様な過剰社会の縮図である。

　商品の消費は、あきらかに投資家の欲望・競争が駆動因として「おいかぜ」になっています（投資家は、社会的投資をめざす少数派以外利潤を追求するので、ともかく「多売」をもとめる）。耐久消費財の蓄積や、日用品での「過食」傾向から、購買行動に限界がある（限界効用逓減の法則etc.）なか、さきにのべたような、不安につきうごかされた衝動的消費を吸収しようと虎視眈々とマーケティングにはげむようせかす（せっかちな株主なら、四半期での営業不振で経営陣を刷新させるかも）。そんななか、ときに一時的大流行が発生したりして、大衆は特定のベストセラーへと狂奔します（ベスト＝林大訳, 2009）。なににひかれたのか、あとで自分に説明がつかないような興奮の産物ですが、ともかく大衆的興奮に感染して消

費行動を伝播させるわけです。こうなると、「やめておけ」といった理性による抑止はなかなかききません。「エコ家電」だの「エコカー」だの、環境にいいことをしているかのような錯覚の伝染も、こんな加速化現象の典型です (ましこ2010：45)。「かいかえ需要」とはよくいったもので、まだつかえる家電が廃棄され、充分のれる自家用車が大量に廃車となって国外に流出したでしょう。前者は、完全に大量廃棄という愚行です。新型エアコンの消費電力が少々へった「功」で大量生産・大量廃棄という「罪」はきえないでしょう。

8章
人材のマクドナルド化
：新兵補充と「リストラ」

本章のあらまし

過剰供給状態は工業製品だけではない。ペットをふくめた有用動物も過剰生産されている。人材育成も同様である。特攻隊（大学生を急造パイロットとして自爆攻撃に大量動員し犬死させた）を冷笑できないような、膨大な高学歴層の「死蔵」。たとえば大学院修了者を弁当屋のパート労働者としてムダづかいするとか、文科系の博士号取得者が大学教員以外にほとんど活用されずにいるとか。人材育成をひたすらローコスト化しようとはたらくマクドナルド化圧力は、コンピューターによる労働市場の改変で加速化している。大学院をふくめて大量生産が前提の教育機関など、人材養成課程は非営利組織でもマクドナルド化がどんどん進行している。学位論文の粗製濫造など大量生産だけではなく、専門人とされる人材育成自体が加速化し、ローコスト化し、過剰生産気味なのである。家庭教師のような、サービス提供時にマンツーマン指導が保証されるようなものでないかぎり、価格の圧縮とサービスの質の低下は、不可避の傾向とおもわれる。

8-1
「人材」「有用動物」の過剰生産と大量廃棄

　ジョージ・リッツァは、マクドナルド化の前史として、ベル/ランカスターによる「モニトリアルシステム（助教法）」をあげそこなう一方、ホロコーストというおぞましい組織犯罪をつけくわえることをわすれませんでした (リッツァ=正岡監訳, 1999：2章)。マクドナルド化が、本来サービス業における超合理化過程である以上、ユダヤ系市民を大量に連行・監禁しては虐殺していった巨大組織犯罪が、マクドナルド化と関係があるようにはみえないでしょう。しかし、形式的合理性を極度におしすすめ制度化した官僚制がグロテスクに暴走したとき、効率性/計算可能性/予測可能性/制御という合理化の要素は、ユダヤ系市民の効率的大虐殺とその「人体資源の有効利用」という点で、すべて「(負の)サービス業」の典型例なのです。核兵器や無人爆撃機などが、「効率よく」敵軍・敵国に打撃をあたえることをねらい開発されたように、そして、殺虫剤とか抗生剤が、ヒトや家畜・ペットへのリスク要因たる生命体を効率よく除去するものであったように、「ユーザー」（どう利用するのかは、不明ですが）にとっての利便、管理運営者にとっての効率化・省力化・省資源化という意味では、まさにホロコーストをふくめた大量殺戮は「マクドナルド化」と本質的に通底しています。なにしろ、収容されたユダヤ系市民は、ほとんどすべてセルフサービスをさせられ、有害な集団として社会の清浄化のために自殺行為（ナチスの立案者・官僚たちにとっては、「廃棄処分」「除去」といった感じでしょうが）へと協力させられたのですから。

　マクドナルドなど外食産業はもちろん、マクドナルド化をやめない大学や病院などの超合理性にうらみをもっているらしいリッツァだからこそでしょうが、マクドナルド化の負の側面をグロテスクに

強調するために強引に素材として動員されたというよりは、「前史」として位置づけられるにふさわしい本質が、究極まで凝縮したのがホロコーストだったというべきです。

そして、こういった「廃棄処分」系のマクドナルド化は、実は、すでにのべた大量生産システムだけでなく、いろいろな領域で進行中だとおもいます。すこしまえに刊行した『愛と執着の社会学』で問題にしたペットのブリーディングと処分、飼育放棄と処分といった、セットもそうです[1]。

現代人、とりわけ経済先進地域の大都市部でくらす住民たちは、自分が処理しきれないものとして衣服など繊維類や紙類、プラスチックやアルミなど化学工業による容器類とかを大量廃棄していることは、すでにのべましたが、実は、食品はもとより、家畜・ペットのたぐいまで、大量生産・大量消費・大量廃棄を前提に日常をおくっているのです。

もちろん、ペットをかわいがる家庭のほとんどは、愛情をそそいでいますし、そのケアの心理にいつわりなどはないでしょう。しかし、『愛と執着の社会学』で問題にしたとおり、知人からゆずりうけたわけでなく、ペットショップから動物を購入したひとは、それ

---

[1] 『愛と執着の社会学』でとりあげた、ペットのブリーダーたちも、さまざまな家畜業者も、すべて、生命の効率的生産をめざしており、複製技術を最大限に利用して、基本的には「過剰生産」をくりかえしては、まびきしたり、食肉用にまわしたりするという点で、本質的に省力化だけでなく、時間短縮化もはかっている。こいぬを大量繁殖させる空間を「puppy farm」などとよぶのは、まさに、繁殖行為が「工場生産」と同質だということをとらえている（ましこ 2013：24）。経営上、少数のスタッフで大量の「生産物」を管理しようとするだろうから。『社会学のまなざし』でとりあげた、ブロイラーなどは、まさに生命生産工場といえるだろう（ましこ 2012a：72）。

ら「商品」の背後に膨大に処理された動物たちがいることを、みないでしょう。競馬に興ずるひとびともそうです。ひとびとが「商品」として「利用」「享受」する動物たちは、氷山の一角をなすにすぎず、その背後に膨大な犠牲がねむっていると。かいぬしにすてられ自治体に二酸化炭素で大量殺処分されるイヌたちの運命は、余計者あつかいをうけたアウシュビッツのユダヤ系市民そっくりではありませんか（ましこ2013）。

8-2
ひとづくりの、ムリ・ムダ・ムラ

　ことは、「廃棄処分」系のマクドナルド化だけではありません。すでに、マックジョブなどをふくめた、超合理化された人材養成＝「促成栽培」をとりあげましたが、現代社会は、ひとづくりについても、ムリ・ムダ・ムラがあるようで、ケチケチ養成費や時間をきりつめる一方で、おしげもなく資源を投入し、その回収など全然かんがえていないような、非経営学的な現象もたくさんみあたるのです。

　たとえば、後者の例としては、すでにのべた高学歴主婦のパート採用、ふるいところでは、大学生などを戦地におくり（学徒出陣）、ときに自爆攻撃を敢行させるような人材利用をあげたいとおもいます。

　そもそも、大学の学部教育の大半は教養教育で専門人の養成を意図していない。かりに一部意図していたにしても、エリート層の選抜機関（期間）でしかないことは、いろいろな事例で指摘されてきました。たとえば、企業の法務部などには配属されず、法律家や官僚になるのは全学生の1わり程度だろう法学部の性格などがそうです。大学院も同様で、研究者として生業につくのは、それこそ1わ

りにはほどとおいでしょうから、指導過程にかかった時間・資金・能力などは、ほとんどドブにすてているようなものともいえます。しかし、こういったムダづかいの最たるものといえば、有名大学院を修了し学位をえたパート労働者でしょう。女性にかぎりませんが、20代にそそいだ時間・才能と、それにつきあった指導陣や組織（事務職員ほか）などのもろもろが、パート労働の日常に教養としていきている、などというのは、偽善・欺瞞がすぎるでしょう。

　また、学徒出陣とか特攻隊として悲劇が再三かたられてきた、戦時中の大学生たちはどうか？　かれらの教養や専門知識は、帝国陸海軍の戦略上、不可欠で有効な人材活用の対象だったのでしょう。単に、主戦力としての職業軍人、一線のパイロットなどが消耗戦によって不足していため、本土決戦のための時間かせぎとして、「帝国の石つぶしとしての学生」といった反感・侮蔑をもって、消耗品あつかいしたのが本質だったのではないでしょうか？　かれらが戦時中をいきのこれば、戦後どうなっていたかわからないぐらいの、巨大なムダですね。「犬死していった戦友の無念をはらすためにがんばった」という企業人などのこえをきいても、愚劣な狂気の沙汰が確認されるばかりです。

　そもそも、「リストラ」とか称して、どんどんくびきりを敢行中の企業群ですが（労働組合がつよすぎて、労働市場が流動的でないと、経済学者はさかんにいいたててきましたが）、いきのこった幹部たちが不可欠の人材なのか。きられた人材に投入された育成費用はもとがとれたのか。そういった長期的な戦略にそって、そもそも人材採用・育成・昇級・昇給させてきたのか。高学歴女性のあつかわれかたとか、人文社会系の博士号取得者がほとんどいない企業・

官庁[2]などのありようをかんがえたとき、日本の人事育成システムはなにをかんがえてきたのかと、めまいがしてきます。バブル経済崩壊後に「あのカネはどこにいった」といった、検証記事が何度かあがりましたが、高度経済成長に肥大したホワイトカラー層をうみだした、公教育と企業・官庁などの人事組織が投入した、時間・資金・才能は、もとがとれたのか。すくなくとも、まともな投資家なら、かんがえるでしょう。世界的な人材流動の時代だというなら、理科系以外博士号取得者がほとんどいない企業・官庁という日本列島の「常識」は世界の非常識であり、ここにも「ガラパゴス化」がみてとれるから、日本の企業への投資はひかえようかなとか。

他方、ケチケチ養成費・時間をきりつめる、マックジョブ系リクルートはどうでしょう。高学歴主婦や戦時中の学徒たちは、膨大な資源を一身にあびながら、結果として弁当のご飯づめ作業だとか、武器を駆使する最前線におもむいたわけです。かのじょら／かれらは、ありあまる潜在力をもちあわせていたから、短期研修だけで弁当づくり名人になったり、エースパイロットになったのでしょうか。そうではありませんよね。時給850円とか、赤紙一枚での兵営ぐらしとか、そういった「安価」なリクルートと、短期間でごまかせる新兵養成がなりたちそうだから、採用されただけですね。まさに「消耗品」あつかいです。こんな「ぜいたく」をくりかえす空間がほかにあるのでしょうか。なんと「ゆたかな」国家・社会なのでしょうか。

---

[2] 現代日本は、第三世界と比較しても、指導層のなかにしめる学位取得者の比率の異様なひくさの点で突出した「低学歴」傾向をもつとおもわれる。政財官に人文・社会系でのPh.Dにあたる学位をもつ人物は例外的少数(少数の大学・研究所出身者)であり、学士号どまりがほとんどである。

8-3
コンピューター化社会が加速した「人材」のマクドナルド化

　このめまいがするような人材養成のムリ・ムダ・ムラは、基本的にロボット化による、過剰人材問題の産物でしょう。もはや、コンピューターにできないしごとしか、のこされていない（2章3節参照）。現場労働者以外となれば、クリエイティブでとりかえがきかない人材群の職種か、コンピューターにできない雑務、コンピューターがらみの誤動作などへの対応・修理、接客とかに二分されると。機械にできること、労賃のやすい地域の工場でつくってはこべばよいもの、やすいところからしいれればいいもの、そういった事物の必要性は急減していくわけですし、そもそもコンピューターにできない雑務関連は、とりかえ可能人材として急速に低賃金化していくはず。接客も、客層による二分化はまぬがれないでしょう。

　くりかえしになりますが、大学や各種予備校など大規模教室を前提にした教育機関は、リッツァが具体例にあげているとおり、あきらかに「マクドナルド化」（「効率性／計算可能性／予測可能性／制御」の進化／深化）の典型例です。こいぬを大量繁殖させる「puppy farm」のような虐待こそないものの、「教育工場」という本質は否定できません。40名前後を前提にした小中高校でさえ、その本質からは、のがれていません。そこには、省力化やローコスト化をともなった「大量生産」と、一斉授業という「大量消費」が前提となり、同時におびただしい「大量廃棄」がともなっているでしょう。回収された答案やレポート、使用ずみのテキスト・問題集は、早晩廃棄されるでしょうし、なにより、「大量生産」された「人材」が「貴重品」あつかいされるはずがないからです。学校が、資本主義のために労働者を生産し市場（生産者・消費者の両面で）におくりだすこと、富国強兵策の一環として、大量の「戦士」たちを養成し

て「戦地」におくりだすという構図は、なにも「陰謀論」ではなく、社会的現実です。

8-4
ひとづくりのマクドナルド化

　公教育空間が「マクドナルド化」の典型例であるのは、なにも「大量生産」「大量消費」「大量廃棄」であることにとどまるものではありません。宅配もふくめた「外食」チェーン同様、セルフサービスを前提にしており、利用者の主体的うごきを動員してコスト削減を実現している点、サービスが定型化し杓子定規なあつかいをしいる点、これらのデメリットをおぎなってあまりあると利用者におもわせる程度まで「わりやす感」を実現している点です。たとえば、学校は、（長期療養児童などへのアウトリーチサービスなど例外をのぞいて）家庭教師のように自宅まででむいてはくれません。登校するか、配送ないし放送・伝送された情報を主体的にとりこむ必要があります。また、利用者のニーズに柔軟にこたえているとはいえず、定型化された情報提供サービスで我慢させられるのが普通です。しかし、そういった「自助努力がいり、サービスが少々杓子定規であっても、まあいいか」とながせるだけの「授業料」におさまっています。小中学校など義務教育段階などでは、教科書代や講師料や施設利用料が税金から拠出されるため、利用者には自己負担感がありません。すでにのべたとおり、大学以外の公教育機関は、教育サービスというよりは、広義の「保育（収容）サービス」ともいえる以上、相当な「おてごろ」感があるのではないでしょうか？ 保育園や幼稚園と、ベビーシッターなど個別の保育サービスの割高感と比較してみてください。広義のケア労働にいそしむスタッフは、かならず「1対多数」であり、おくりむかえなどは保護者がおこな

う。小学校以上は自分で登校する。そんな差がありますが、これらは「1対多サービス」の空間へのセルフサービスなのです。

これは、皇室をはじめとした特権的富裕層が、学校を利用はするものの、義務教育制度におつきあいしているだけで、教育の機軸を家庭教師にゆだねてきたのと比較対照すると、ことの本質がわかるでしょう。特権層がレストランにでむくことなく、かよいのシェフやケータリングサービスをたのむように、家庭教師とは、教育サービスを私的に提供してくれる人材を確保したものです。かれらの大半は、生活の便宜上、別の生徒の保護者宅にもでいりしているので、本当は「1対多サービス」ではあるのですが、時間差をともなった「共有」によって、利用時間中は「1対1サービス」になるわけです。家庭教師で杓子定規なサービスなどありえませんし、利用客の個別具体的なニーズに可能なかぎり対応する。そのかわり、個別サービスならではの「それなりの料金」を要すると[3]。

このように、わたしたちのくらす現代社会は、教育サービスをはじめとした、人材再生産過程を相当程度マクドナルド化してしまいました。そもそも、ベル／ランカスターによる「モニトリアルシステム（助教法）」は、ローコストで大量の生徒に均質的な教育サービスを提供できるという、超合理化システムだったのですから、当

---

[3] 個別サービスは基本的に、利用客が理不尽な要求をしないかぎり、可能な範囲での個別対応をおこなう。個別のニーズに柔軟に対応することにこそ、個別サービスの本質があるとさえいえるだろう。美容室や医療は、相当程度マクドナルド化がすすんでいるが、出張サービスや往診があるなどをみても、個別サービスはのこっている。本当の彼女のかわりを演じてデートにつきあうサービスとか、披露宴などで疑似家族を演ずる代行サービスとか、性風俗店であるとか、1対1サービスのおおくは、「杓子定規にならず、個別のニーズに応ずる」というかたちで、薄利多売競争＝価格破壊をさけているわけだ。

然です。「助教」自体が、拡大再生産できるような構造だったからこそ、のちの師範学校も成立可能になったわけですし、毎年、おびただしい小学校教員が退職するのを補充する「新兵」たちは、皮肉でもなんでもなく、大学の教員養成課程の「産物」です。ですから、進路指導など個別具体的なニーズへの対応以外、小中高校が、個別対応を消去した杓子定規な時空になるのは不可避な構図があるのです。教員自身が「マスプロ教育」の産物なのですし、「学級担任」であれ「科目担当者」であれ、「1対多」サービスは、必然的にマクドナルド化をうみます。

　もはや、家庭内とか企業の小組織のなかとかでないかぎり、マクドナルド化からのがれられる学習空間はないのではないでしょうか。大学院生でさえも、組織的に「大量生産」される日米両国のような空間も出現しているご時世なのですから。私見では、博士論文は、ネット空間などによって、はるかに容易にかけるようになり、大学院大学化などもからんで、大量に学位が授与されるようになりました。あきらかに「過剰生産」です。まともな指導がなされているとは到底おもえない、はずべき学位論文が作成され、学位授与され、一部は大手出版社や大学出版会から刊行されるほどです。ずいぶん以前から、経済学等で、古典をよむ必要がかたられなくなり、標準化された大学院テキストを読破して専門家へのリクルート空間へ参入するさまが、問題視されてきたのですが、日米の大学人の相当数は、学位の粗製濫造に、「必要悪」しかみとめていないようです。学会が無数に組織され、学会誌が急増し、いわゆる学術論文が査読によって選別・掲載されるという制度自体が空洞化しているようにもみえます。科学の営為に対するハードルがひくくなったのは、「バリアフリー」として、のぞましいことのはずですが、サイエンスライターにあたる人材も充分に育成されているとはいえませんし、単に「学界」が「みずぶくれ」しただけなのかもしれません。そう

なると、リッツァが問題視した大学のマクドナルド化（日本なら帝国大学当初のマスプロ講義が、実態としてそうでしたが）どころか、各種学界が、うわべだけの超合理化をすすめているのかも。おそろしいはなしです。権威主義が崩壊するのは、のぞましいのですが、疑似科学にひっかかる被害者は無数いるのですから。

　さきに、過剰ともいえる情報生産の加速化によって、「速度」をえたかわりに「熟慮」をうしなったことを危惧する情報工学者の指摘を紹介しましたが（4-2-4「ときはカネなり」意識の自己目的化＝倒錯性）、学位論文の生産や情報検索にかぎらず、これらはすべて構造的な問題だとおもわれます。われわれは、必要に応じてスピードをもとめますが、同時に必要に応じて「質」も確保しなければなりません。

9章
「自然」とマクドナルド化など加速化社会

本章のあらまし

近代科学の圧倒的実力に幻惑された欧米人は、自然・人間を支配したつもりで失敗し、結局破壊に終始してきた。自然の時間世界は、人為的な合理的・等間隔的なリズムとは異質なのだから、さけられない宿命だった。自然の時間世界の一部である人間の生命リズムに対する介入もその一種だ。物理化学的な介入をすれば、ヒトの心身も自然同様自由自在にコントロールできそうにおもえたが、時間の短縮化・効率化のための人為的な介入は、長期的な副作用などを度外視した発想といえそうだ。アナボリックステロイド剤による筋肉の「促成栽培」や覚醒剤をもちいた集中力の演出などが、その典型例だ。「24時間戦えますか」(1989年) といった CM コピーや、「365日24時間、死ぬまで働け」といった企業経営者の冗談のような論理は、自然の一部である心身を無視できるという妄想の産物といえる。満足な昼食の時間もとれないがゆえに、ファストフード店に殺到して長蛇の列を発生させる大衆同士のシンクロ (同期性) は、「ファストフード」たりえないという皮肉を構成している。われわれのイラつきは、自然の身体リズムをみうしなったもの同士の悪循環にすぎない。ファストフードチェーンやコンビニ業界もそれに寄生しているだけだ。行列をつくらせても利潤率はさがるだけなのだから。

さきに紹介した内山節さんは、つぎのように、欧米発の近代社会の論理を批判しました。

> ……かつて近代社会は、近代科学や技術を用いて自然を自己のコントロール下に置こうと考えた。だが今日明らかになったことは、そのような試みを重ねれば重ねるほど、私たちは自然をコントロールできるようになったのではなく、自然を破壊しただけだったということである。
>
> ……なぜ今日の社会は自然を管理することができなかったのだろうか。それは簡単なことで、自然が生きている時間の世界は、私たちの社会がつくりだした時間秩序と一致しないからである。時間世界が異なるならば、時間的に存在するもののその存在自体が異質にならざるをえない。この異質な他者を、現代社会の時間秩序の世界のなかで管理することは不可能であった。だから私たちは自然がこの社会とは異なる時空のなかで生きている他者であることを認めることでできるだけであって、それを無視して自然を自己の時間秩序のなかで管理しようとすれば、それは必然的に他者としての自然の時間世界の破壊を招き、自然の破壊をもたらすだけだったのである。　　　　　　　　　（うちやま2011：256-7）

内山さんは、このあと「非ヨーロッパ型の伝統社会の破壊」が「時間世界を共有しない者の間」で発生する悲劇の一種であるという歴史観・文明観を展開します（うちやま2011：257）が、ここではたちいりません（これは、植民地主義とはなんだったのかという世界史的な本質論をのべており、非常に重要）。ここでとりあげたいのは、ヒトをはじめとした動植物という「自然」に対しても、同様の構造が指摘できそうだという点です。

バイオテクノロジーなど生命現象の本質に直接介入する科学技術

が急速に進展している昨今は、以前とは異質な時空に突入したとおもいます。しかし、そうした生命操作を検討するまえに、近代社会が生命現象に介入した意味を再検討してみる必要があるでしょう。

『愛と執着の社会学』でものべましたが、人類は、近代以前から、動物を家畜化し、植物を栽培種として管理してきたのと並行して、そもそも、ヒトという種自体を家畜化する存在、いいかえれば「自己家畜化」する動物でした (ましこ2013：129-31)。「無痛文明論」(もりおか2003) の議論によって現代社会を評するなら、「自己ペット化」空間というべきかもしれません (ましこ2013：131, 133-4)[1]。実際、無痛分娩をうりにする産科とか、陣痛促進剤によって出産日をコントロールしようとする産科医、堕胎手術や不妊手術などは、母体の「ペット」あつかいといえるでしょう。これらは、「家族計画」や病院のスタッフのやりくりなどがからむ生命現象への介入であり、「自然」への介入であると同時に、「時間」への介入でもある点が重要です。

また、わたしたちは、緊急時の医療用の措置としての投薬だけではなく、さまざまな薬理作用を利用して、自身の時間感覚を制御しようとしています。総力戦体制から現在の受験勉強にまで継承されてきた、覚醒剤。注意欠陥障害の処方箋として開発された「アデラル」(各種アンフェタミン＝覚醒剤の一種) を転用した、集中力を要する作業への専心 (パリサー＝井口訳, 2012＝113-5)。筋力トレーニングの成果達成を超短縮化するアナボリックステロイド剤。北米を中心とした薬物利用は、薬理作用によるサイボーグ化といえるでしょう (ましこ2012a：164-8)。これらのおおくは、ニコチンやアルコールなどと同様、一部は依存症というべき状況をうんでいるとおもいま

---

[1] 「自己ペット化」とは、現代文明にいきる都市部の現代人が、自分たち自身に対してペットを遇するように保護的で苦痛回避的な人工的空間を維持する姿勢・体制のこと (ましこ2013：131-4)。

す。ニコチンやアルコールの依存症が一部で社会問題化しているだけで過小評価されてきたように、「時間の短縮化」「集中力による時間の効率化」といった効能にかくれて、副作用は過小評価されているし、それこそ、「ドーピング」のような不正行為とはかんがえられていないでしょう。

　すでにのべた、「テレワーク」が情報通信技術の進展によって「どこでもオフィス」として実現しているのは、コストカットと「納期」問題という圧力のせいでした。うえにあげた、さまざまな薬物利用も、「コスト」「納期」などの、目標達成を超合理主義的に追求したいという欲望のもたらしたものでしょう。内山さんが指摘するとおり、わたしたちは自然の一部であり、自然の時間的推移のリズムと呼応しているはずですが、加速化をしいる資本の運動や、それによってかきたてられる不安（「でおくれた感」etc.）などが、自然としての自己身体への、化学的介入をもたらしたとかんがえられます。

　医療スタッフが陣痛促進剤でもって、出産予定日周辺で日程調整するように、われわれは「コンクール当日」だとか「入試日」とか、そういった運命を決する時間帯などを中心に、身体リズムとは無関係な非日常的状態を演出しようとする。さほどの薬理効果があったとはおもえず、「プラシーボ（偽薬）効果」にすぎなかったでしょうが、前述したドリンク剤のCMコピー「24時間戦えますか」（1989年＝バブル期まっただなか）などは、「365日24時間、死ぬまで働け」といいはなってはじない経営者や、それを称賛する投資家やイデオローグなどによる合理化を正当に批判しきれない大衆の不安をさきどりしていたとおもわれます。

　わたしたちは、弁当持参するための時間的・精神的ゆとりをもちあわせないとき、コンビニやファストフード店ですまそうとしますが、1時間弱の昼食時の「シンクロ」は、あさのラッシュ時に準ず

るような混雑状況を発生させ、ときに「ファストフード」にならないことがあります。行列を構成しているのは自分自身でもあるのに、イラついたりする。だんどりがわるいのか、そういった昼食休憩しか予定しない官僚制がわるいのか、いずれにせよ、ゼリーや補助食品などをのみこんだりしてごまかす。それは、ファストフード店などが演出する商戦に搾取されているのではありません。「灰色のおとこたち」の魔の手にたぶらかされて、「でおくれた感」からファストフード店の混雑にイライラするような心理にある自分。行列の最後尾ちかくにならぶはめになって、時刻を気にしている自分自身にイラだっているなど生活全般がマクドナルド化しているのです。ファストフード店やコンビニは、そういった自然の身体リズムをみうしなったわれわれに寄生しているだけだと。

おわりに
加速化をやめようとしない社会とその限界

東海道新幹線のバイパスを期待されているとされる、リニア中央新幹線は、いつ営業運転が実現されるのかはわかりません。でも、「2027年にリニア方式で東京都−名古屋市の間で先行して営業運転を開始する構想がJR東海から発表」され、「東京−名古屋間を最速で40分で結ぶ予定」（ウィキペディア）という構想がおおまじめに公表されている以上、現在の首都圏内、関西圏内での移動の延長線上で、大都市圏間を一層高速移動しようという発想がみえます。大震災などで交通の「大動脈」的主要ルートが壊滅的打撃をうけたとき、「中央新幹線」が「バイパス」機能をしっかりはたせるのかは、しろうとには判断がつきません。しかし、文明論的・文化論的に、東京−名古屋間どころか、東京−大阪間さえ1時間内外で移動しようという、加速化志向（思考）は、はたして正常なのだろうか、という疑問はのこります。

　よく、データ通信が高速化した近年でも、意外に大企業同士がちかくに立地しているのは、電話などではなく、実際にあってはなすかどうかが重要であり、だから企業同士が徒歩30分圏内に集中する、といったもっともらしげなはなしがあります。いや、加速化する「business空間」では、ファクシミリやPDFファイルとか、ケータイ電話などでのやりとりではたりず、当事者同士があってはなす。スカイプとかテレビ電話回線でさえ、たりないという状況が実際にあるのでしょう。しかし、首都圏−中京圏とか、首都圏−関西圏とかを2時間以内にいききしようというのは、超高速の旅客輸送システム「ハイパーループ」構想ほどではないにしろ、距離を徹底的に無化したいという理想でしょう。これは、SFでえがかれてきた、テレポーテーション（瞬間移動）のゆめの代替物です。

　実際「中央新幹線」が計画どおり営業できるかどうか不明ですし、実現したとして、東京−大阪を1時間程度で移動する「businessman」たちが、どのような日常をおくるようになるのかは、想像もつき

ません(実際の所要時間は、東京駅−名古屋駅間で100分／90分と大差ないという移動シミュレーションも http://kasakoblog.exblog.jp/21083613/)。ひとつ確実にいえることは、国家的威信なのか技術者たち同士の競争心・名誉心の産物なのかわかりませんが、平均速度400km前後という超高速鉄道の存在を、異様な事態とはおもわない技術信仰が現時点で実在する点。安全性や運賃体系にムリがないなら、「はやいにこしたことはない」という発想が共有化されているらしい点です。

　本文で、20世紀前半のヨーロッパ人たちが、加速化する自分たちの現代文明について、異様な事態ではないのか、はどめをかけないでいいのか、という深刻な懸念をもっていたことを紹介しました(4-2-3「多忙依存症」の伝染)。

> パパラギは時間をできるだけ濃くするために全力を尽くし、あらゆる考えもこのことに集中する。時間を止めておくために、水を利用し火を利用し、嵐や天の稲妻を使う。もっと時間をかせぐために、足には鉄の車輪をつけ、言葉には翼をつける。──だが、これらすべての努力は何のために？　パパラギは時間を使って何をするのか？──私にはどうしても、そのことが飲み込めない。
>
> (ツイアビ＝岡崎照男訳:64-5)

　パパラギの文明批評をでっちあげたショイルマンや読者たちは、東海道新幹線やジャンボジェットのような大量高速輸送機関をもちろんしりません。それでも、「鉄の車輪」で高速移動をくりかえす生活は、どこかおかしいと、感じていたのでしょう。ショイルマンたちより1世紀ちかくむかしのゲーテが、超高速鉄道の構想と現在の高速鉄道の運行状況を見聞したら、わらいだすかもしれません。「メフィストフェレスにたぶらかされたファウストではあるまいし、

人類は悪夢でもみているのか」「主は、そんな異様な誘惑をメフィストフェレスがやらかすと、想像されていたのか」などと。

　冗談はともかく、本書が、超高速鉄道の営業運転のころまで、よみつがれることはないでしょう。しかし、図書館から廃棄処分にならないものが数点であれのこり、それが超高速鉄道実現の時代にかりによみかえされたなら、それ自体「加速化する現代」同士の比較になるとおもいます。その意味では、本書が、あっというまに時代おくれになることは、かなしいことではなく、歴史的な記録として充分価値をもつとおもいます。

　ところで、近年のパソコンや電子端末の長足の進歩は、正直異様なペースであり、各企業によるモデルチェンジとそれをおいもとめる購買層の、あくなき競争・追求は、もはや異常事態な印象です。何度か、「ムーアの法則」がえがく幾何級数的（累乗的）な高性能化を話題としてとりあげましたが、「ドラえもん」に依存するノビ太のように「魔法の世界」を実現したがっていることは、明白です。マンガ『ドラえもん』よろしく、「テレポーテーション（瞬間移動）」などのゆめを追求しているのが、超高速鉄道や航空機だとすれば、魔法のように時空を超越した情報収集・処理をゆめみているのが、コンピューターでしょう。実際、スマートフォンやタブレットなどは、安易さと体積・重量上、電卓化したパソコン、大学ノート化したパソコンといえそうです。ジブリ映画『風立ちぬ』に再三登場した計算尺も、高度経済成長期に登場しケータイにさきんじて軽薄短小化した電卓も「計算」しかできませんでした。それを不便と感じていた技術者は、ミサイルの弾道シミュレーションをこころみる軍事関係者のような特殊な専門家以外いなかったでしょう。

　　ENIACは17,468本の真空管、7,200個のダイオード、1,500個
　　のリレー、70,000個の抵抗器、10,000個のコンデンサ等で構成

されていた。人手ではんだ付けされた箇所は約500万に及ぶ。幅30m、高さ2.4m、奥行き0.9m、総重量27トンと大掛かりな装置で、設置には倉庫1個分のスペース（167㎡）を要した。消費電力は150kW……。そのため、ENIACの電源を入れるとフィラデルフィア中の明かりが一瞬暗くなったという噂が生まれた。

(ウィキペディア「ENIAC」)

　しかし、初期の巨大コンピューターは高速で計算ができるだけでした。現在のような通信機能、モジ文書はもちろん、音像や画像を情報処理できるようになるのは、ずっとずっとあとです。電話以上に急速に軽薄短小化と高性能化をすすめたコンピューター（タブレットはもちろんスマートフォン）は、まさに魔法のハコ（板）ではありませんか？　現在程度の軽薄短小でも満足できず、超小型の補聴器みたいなイヤフォン式で、操作は音声や思念みたいなものだけでやりたい、とか、妄想的な願望を、技術者たちが、いろいろと実現にむけてすすめていることでしょう。もはや、ビョーキです。

　　インターネットがなかった時代は、どうやって、知りたいことを調べていたんですか？
　　ネット検索に比べて、本やテレビだけだと効率が悪くてたくさん調べるはすごい大変じゃないかと思います。

(教えて！goo　投稿日時：2011/01/21 22:53[1])

たとえば、こういった質問がウェブ上にでること自体、「ネット時代」を象徴しているのでしょう。実際、ほしい情報が、とりあえ

1　http://oshiete.goo.ne.jp/qa/6465092.html

ず短時間に、話題次第では取捨選択にこまるぐらい膨大にあつまる利便性は、前代未聞の現実です。しかし、「今、もしもインターネットがなくなってしまったらあなたは何を思いますか？ 聞かせてください」という質問への以下のような回答はどうでしょう。

> インターネットを活用すると、プロではなくともいろんな事を「ある程度のレベル」まで知識を簡単につけられるのがすごい。
> 会社を設立する時は行政書士などに頼まなきゃいけなかったのが、ネット上である程度の書類と知識をつければ自分で登記まで持っていけるし、車をいじりたければ昔は車屋に頼むか相当な知識を持った友人がいないとダメだったのが、今では一人でもある程度のレベルの事は出来ちゃう。(ネットが無ければ素人が車の電気系統やブレーキ周りなんて怖くて触れなかった。)[2]

この回答者には、自分と周囲の水準の人間しか眼中にありません。ネットでしらべるだけで、「会社を設立する時」「自分で登記まで持っていける」とか「車の電気系統やブレーキ周り」をいじれるような人間が、そんなに一般的とはおもえません。「いろんな事を「ある程度のレベル」まで知識を簡単につけられる」と、こともなげにいってしまっている自分が、リテラシーの点で非常にたかい部類にあること、情報弱者はもちろん、「中央値」的部分、「最頻値」的部分とも相当格差があって、その差はひろがるばかりという構造がみえていないでしょう。「ネットは増幅装置」(たかだ 2013：86-105) なのに。

希望する商品がどこで・いくらで入手できるかとか、人気のある

---

[2] Yahoo! 知恵袋 [質問日時：2010/7/26]
(http://detail.chiebukuro.yahoo.co.jp/qa/question_detail/q1244283182)

飲食店はどこにあるといった検索はごく大衆化したし、メディアにあふれる芸能人のゴシップや政治スキャンダルなどにたどりつくことは、容易になったでしょう（匿名掲示板の「まとめサイト」さえ急発達した）。しかし、こまっているひとびとの欲する的確な情報が完備され、簡単にアクセスできるとか、クラウド化された「文殊の知恵」で、たちどころに難問が解決するとか、そういった理想郷とはほどとおい。それと、検索エンジンには構造上絶対にひっかからない「深層web」のデータは、基礎知識がないと絶対にアクセスできません。「ネット万歳派」は、「マスコミにだまされないですむようになった」などと「全能感」があるようで、自分たちの論調にくみしない人物たちを「情弱」などと侮蔑しますが、ネット情報の信頼性についてみきわめる能力が欠落しているか、すくなくとも不足があるのだという自覚がないようです。自分たちが収集している情報が、マスメディア同様かたよっていたり、あやまっていたり、操作されているという事実にきづかない点で、まぎれもない情報弱者の一種でしょう。

　さきに、学術雑誌のオンライン化にともない、「普及している意見」をすみやかに発見できるようになるにつれ、「普及している意見」に追随してしまい、「周辺的関連論文」を「飛ばして」しまうという学者たちの知的視野狭窄を指摘しておきました（2-2 インターネット時代の含意）。研究者ではない市民が、研究者以上に「普及している意見」以外にもめくばりし、ウェブ上にあがっていない過去の論文にもめをとおすでしょうか。

　SNSなど、知人同士のネットワークなどは、属性や嗜好・思考・指向がにたもの同士といえるでしょう。「類は友をよぶ」の連鎖でしかなく、それは、ムラサキからミドリをへてアカまでつらなる可視光線のグラデーションのようにはならない。「同人」とか「夫婦」のばあいは一層そうでしょうが、思想的な距離がちかいものだけで

議論をつづけると、深度はふかまっても、視野がせまくなるリスクがたかまるはず。これは単に「類、友」構造による「ポジティブ・フィードバック」というよりも、路上での高速化による一時的視野狭窄現象と本質的に通底しているとおもわれます。議論が「正」の方向性に加速化すると、逆走している物体はもちろん、静止しているものでさえ動体視力がおいつかなくなるのではないでしょうか。高速道路上の鉄の奔流の一部たるクルマ。その運転者は（前方の視野にはいる案内標識などを例外として）車線をとりかこむ中央分離帯や前後左右にせまる車両など、衝突の危険性をもつ物体にのみ注意力を吸収されるでしょう。おなじように、思潮をふくめた「流行」という奔流のただなかを疾走する大衆・知識層も、周囲の「疾走」者たちのながれだけが関心事となっていて、ときおり「案内標識」が視野にはいるまで、自分たちの「進路」自体、しばしばわすれているのでないでしょうか？ カーナビゲーションの画面をしょっちゅう気にするゆとりなど、高速道上の運転者にないのとおなじように。

　その意味では、みずからの思想的動向を冷静にモニタリングするためには、鳥瞰的・虫瞰的な視座からの位置づけが必要でしょう。静止・逆走している物体だけでなく、前後で交差する（ときに立体的に）「道路」にあたるような（思考上でいえば、将来的に交差するとか、過去に交差したとかもふくめ）、「ながれ」をしばしば意識するということ。「上空からみおろしたり路傍からみあげたとき、自分という運動体が、どのように周囲からみえるか？」「自分という運動体が移動することが、全体像のなかで、どういった軌跡をとおるかだけでなく、どういった意味をもちうるのか？」そういったことを、ときどき、みおろしたり、みあげたりする行為（思考上の一時休止）でおこなうこと。そのためには、経営学でいう「ダイバーシティ・マネジメント」など、周囲の人脈に多様性を確保する

必要があるでしょう。ウェブ上はもちろん、多元的な情報収集によって、ながれこむ情報を多元化しておく必要がでてくるわけです。

　こうなると、効率化を追求しようとするタブレットやノートパソコンで、「ウェブ上に点在する他者」から情報収集しようという依存状態には、致命的な欠陥がみえてきます。

　　（1）深層webのような次元での質・量両面で信頼度のたかいデータはみつからない。
　　（2）そもそも適切なキーワードを簡単におもいつくはずがないし、かりにアクセスできてもページの信頼性を担保する情報が不足していたのでは、ウラとりができない。
　　（3）質問への回答者が適当な人物であるという保証がないし、知人たちからはかたよった質・量の知見しか提供されないので、視野がせまいまま。
　　（4）検索エンジンの評価にひきずられるので、結局「有名」「有力」という、人気投票的な選抜原理でめについた流行情報しか着目できず、制作者がみおとしたり、無視した情報をしらずにおわってしまうリスクがたかい。

　結局、「拙速」という漢字熟語がしめす概念どおり、「はやいけどチープ」な情報収集が基本となるわけです。「マクドナルド化」という社会学のモデルがしめすとおり、外食チェーン店では高級なサービスなど「ないものねだり」。また、疾走する高速車両の車窓からは歩道の細部などおちついてみられない。パックツアーなどあわただしい旅行者に、質のたかい「思い出」などのぞめません。オトナむけの寓話『モモ』が、いみじくもえがいたとおり、いとしい人物との大切な時間は、もちろんケチれません。

　「てまひまかかった商品やサービスは、人件費高騰の現代、高価

で、とても利用できない」というかもしれません。実際、良質な商品／サービスには、相当な対価が必要です。しかし、そもそも、適当な対価や、しかるべきてつづきをふまずに、安易に入手できるような良質な商品／サービスなどありえないでしょう。おなじことは、人間関係や滞在地や作品にもあてはまり、「あわただしい旅行者」に、上質な「思い出」などのぞめないのです。情報もおなじではないでしょうか？「ラクにサクサク検索」といった姿勢そのものが、ヒトやものごとへの関係をぞんざいにしている。「ネットで『はやわかり』」とは、「表層web」の上位候補だけをさらった結果であるように、人物や空間や作品に対して表面だけ一瞥して「わかった気分」をあじわうだけ。いや、ながれる視野のなかに、すぎさる後景として、どんどんわすれさってしまうワーキングメモリー（短期記憶）みたいなものではないでしょうか？　ネット社会とか高速移動に象徴される現代日本人のような日常は、環境全体を粗末にあつかうことで、結局自分の人生全体（日常の連鎖）を粗末にすることになっていないでしょうか？

　電車にのるや、いや駅構内のベンチにすわるや、スマートフォンをとりだして検索やメールやゲームをはじめる、なかば依存症としかおもえないひとびとの行動の頻発をめにするにつけ、『モモ』をえがいたエンデがいきていたら、「灰色の男たち」の暗躍が現実なのだとして、愕然とするのでは？　本文で紹介した、ニコラス・G・カーの『ネット・バカ』を是非ご覧ください。わたしたちは、インターネットによってかしこくなった気分にさせられているのですが、それが錯覚かもしれないと実感できますから。

　本書をかきおえながら、もっとゆっくりいこうよととなえる2冊の新書をよみかえしています。ひとつは、1960年代前半の水準にもどそう。たとえば超高層ビルをこわして10階だてぐらいまで

に制限してはと提言する、橋本治さんの『日本の行く道』(はしもと 2007)。グローバル化のなみにのみこまれていない、ゆたかそうなイタリア人の生活文化を紹介する、島村菜津さんの『バール、コーヒー、イタリア人』(しまむら2007)。ふたつとも2007年の刊行ですが、それほど話題にのぼったとはおもえません。とても残念。みなさん、依存症的に「省時間」運動に奔走していませんか？「加速化しつづけないかぎり敗退し破局へむかう」という妄想から解放されること。原発や軍事基地など巨大施設の安全性をかんがえること、エリートパニックによって隠蔽される事実など、重大事はたくさんあるのですが、日常生活の中核としての、人生のゆとりをかんがえることも大事だなあと。

　本書は、前作『愛と執着の社会学：ペット・家畜・えづけ、そして生徒・愛人・夫婦』とおなじく、『たたかいの社会学：悲喜劇としての競争社会』の続編です。

　ただ、勤務校での最近の授業ネタの一部という性格をおびた前作とはことなり、50代にはいり、学生の保護者世代に位置する年齢になった自分をふりかえった産物が本作です。いまだになくならない「あわただしさ」とは、なんなのか、かんがえる機会がとみにふえたからです。「五十ニシテ天命ヲ知ル」(五十而知天命、『論語』巻第一 為政第二) という格言は、孔子時代の平均余命からいって、現在にあてはめるにはふさわしくありません。しかし、膨大な知見がもりこまれた、今津孝次郎さんの『人生時間割の社会学』の冒頭部でも、「人生四段階」の後半前記の「林住期」と対応する50代以降が転換点のひとつと位置づけられています (いまづ2008)。世間の「あわただしさ」を、自分の「あわただしさ」とかさねあわせ、後者を前者の構造的産物とみなす。不遜かもしれませんが、直感がどの程度妥当かは、みなさまの判断におまかせします。

そして、これまた「わたくしごと」ではありますが、本書は10冊め（改訂版・増補版・新装版などをのぞく）の単著となります。10進数は、ヒトという種の四肢が五本指を基本としていることから派生した慣習の洗練化にすぎないので、意味などありません。ただ、「3号雑誌」とか「10号雑誌」といわれるような経験則的な「量」の問題はあるとおもいます。雑誌のばあいは、1年とか10年といった一定の期間に、執筆陣を動員できるかどうか、維持できるかどうかが、「量」を決しているでしょう。「年報」や「季刊」なら、「量」を維持するために「速度」が要求されるはず。今回、本書でとりあげた「速度」「加速度」問題は、出版界とか雑誌刊行にも無縁な問題ではありません。そんななか、個人がウェブ上とかデジタルデータではなく単独での10篇という著作物を「紙」でおくりだすことの意味。読者層が漸減傾向のもと刊行物はふえつづける皮肉。そういった文脈のなかでコンピューター技術のたまものとして「加速化」してみえる自身の執筆ペースなどのもつ意味。いわゆる人文書とよばれる刊行物を刊行しつづける出版社の意義など、いろいろかんがえさせられた次第です。

　もちろん、本書にかきつらねたおびただしい論点は、みな筆者自身の生活時間のながれ＝人生にかえっていくものです。そして、おなじことは、たとえば、この「おわりに」からよみはじめながら、「異様にながい「おわりに」で、いらつくなあ（よむのをやめるか、はやく判断したいのに）」などとお感じのかたの、現在の「時間」感覚をつつむ人生全体にも、同様にあてはまるとおもいます。

　さて、本書が刊行されるころには、公務はほとんどかたづいているはずなのですが、筆者はたとえば「時間がゆったり流れる島」(みやざと2003)などで、時間をゆっくりすごせているでしょうか。

最後になりますが、三元社のみなさま、特に上山純二氏にはお世話になりました。唐突に原稿をおくりつける筆者に寛容な出版社に、あつく御礼もうしあげます。

　北緯27度以北まで琉球列島が「返還」された日（1953年）に、辺野古への新基地建設受諾との沖縄県知事の意向の報をききながら　　2013年12月25日

参考文献

アーリ，ジョン，2010「自動車移動の「システム」」，フェザーストン，M. ほか編＝近森訳，2010『自動車移動の社会学』法政大学出版局
アスリーヌほか＝佐々木勉訳，2008『ウィキペディア革命　そこで何が起きているのか』岩波書店
あらい・のりこ（新井紀子），2010『コンピューターが仕事を奪う』日本経済新聞社出版
あらい・のりこ（新井紀子），2012『ほんとうにいいの？　デジタル教科書』岩波書店
いちかわ・まこと（一川誠），2008『大人の時間はなぜ短いのか』集英社
いまづ・こーじろー（今津孝次郎），2008『人生時間割の社会学』世界思想社
ヴァイディアナサン，シヴァ＝久保儀明訳，2012『グーグル化の見えざる代償　ウェブ・書籍・知識・記憶の変容』インプレスジャパン
ヴィリリオ，ポール＝市田良彦訳，2001『速度と政治　地政学から時政学へ』平凡社
ヴィリリオ，ポール＝土屋進訳，2002『情報エネルギー化社会』新評論
ヴェブレン，ソースティン＝高哲男訳，1998『有閑階級の理論──制度の進化に関する経済学的研究』筑摩書房
うちやま・たかし（内山節），2009『怯えの時代』新潮社
うちやま・たかし（内山節），2011『時間についての十二章　哲学における時間の問題』岩波書店
おさだ・こーいち（長田攻一），1996「現代社会の時間」，井上俊ほか編『岩波講座現代社会学6　時間と空間の社会学』岩波書店
カー，ニコラス・G.＝篠儀直子訳，2010『ネット・バカ　インターネットがわたしたちの脳にしていること』青土社
かつま・かずよ（勝間和代），2007『効率が10倍アップする新・知的生産術』ダイヤモンド社
かつま・かずよ（勝間和代），2011『恋愛経済学』扶桑社
ガルブレイス＝鈴木哲太郎訳，2006『ゆたかな社会　決定版』岩波書店
かんが・えるろー（管賀江留郎），2007『戦前の少年犯罪』築地書館
きしだ・しゅー（岸田秀），1993『嫉妬の時代』文藝春秋社（初版，1987，飛

鳥新社)
クライン，シュテファン＝平野卿子訳，2009『もっと時間があったなら！』岩波書店
くろき・としお（黒木登志夫），2007『健康・老化・寿命』中央公論新社
こいけ・りゅーのすけ（小池龍之介），2010『考えない練習』小学館
コルバン，アラン＝渡辺響子訳，2000『レジャーの誕生』藤原書店
こんどー・まさたか（近藤正高），2010『新幹線と日本の半世紀』交通新聞社
さくた・けーいち（作田啓一），1981『個人主義の運命』岩波書店
さとー・あきお（佐藤彰男），2008『テレワーク「未来型労働」の現実』岩波書店
シヴェルブシュ，ヴォルフガング＝加藤二郎訳，2011『鉄道旅行の歴史〈新装版〉：19世紀における空間と時間の工業化』法政大学出版局
しばた・あきひこ（柴田昭彦），2006『旗振り山』ナカニシヤ出版
しまむら・なつ（島村菜津），2007『バール、コーヒー、イタリア人』光文社
ジャンヌネー，ジャン−ノエル＝佐々木勉訳，2007『Googleとの闘い　文化の多様性を守るために』岩波書店
すずき・しょー（鈴木翔），2012『教室内カースト』光文社
すずき・のぶゆき（鈴木信行），2013「キーパーソンに聞く　効率そっちのけ！日本一"顧客思い"のクリーニング店　野中光一・キャンディクリーナース専務に聞く」『日経ビジネスONLINE』(2013年6月27日)
ゾンバルト，ヴェルナー＝金森誠訳，2000『恋愛と贅沢の資本主義』講談社
タークル，シェリー＝日暮雅通訳，1998『接続された心──インターネット時代のアイデンティティ』
たかだ・あきのり（高田明典），2013『ネットが社会を破壊する』リーダーズノート出版
たかはし・じゅんこ（高橋順子），2011『沖縄〈復帰〉の構造』新宿書房
たけのぶ・みえこ（竹信三恵子），2013『家事ハラスメント』岩波書店
たなか・きみこ（田中貴美子），2007『大切に育てた子がなぜ死を選ぶのか？』平凡社
ダビドウ，ウィリアム・H.＝酒井泰介訳，2012『つながりすぎた世界　インターネットが広げる「思考感染」にどう立ち向かうか』ダイヤモンド社
ちねん・うしい（知念ウシ），2010『ウシがゆく　植民地主義を探検し、私をさがす旅』沖縄タイムス社
ちねん・うしい（知念ウシ），2013『シランフーナーの暴力　知念ウシ政治発言集』未来社

ツイアビ＝岡崎照男訳，1981『パパラギ　はじめて文明を見た南海の酋長ツイアビの演説集』立風書房
ツイアビ（エーリッヒ・ショイルマン編）＝岡崎照男原訳／和田誠構成，2002『パパラギ　はじめて文明を見た南の島の酋長ツイアビが話したこと』立風書房、
ツイアビ（エーリッヒ・ショイルマン編著）＝岡崎照男訳，2009『パパラギ　はじめて文明を見た南海の酋長ツイアビの演説集』ソフトバンククリエイティブ
つじ・しんいち（辻信一），2003「時間という不幸【スローとファストをめぐって】」『環 〈特集◎スピードとは何か〉』藤原書店
とみい・のりお（富井規雄），2005『列車ダイヤの秘密　定時運行のしくみ』成山堂
とみた・ひでのり（富田英典），2012「ケータイの流行と「モビリティ」の変容」，岡田朋之＋松田美佐編『ケータイ社会論』有斐閣
トムリンソン，ジョン＝片岡信訳，2000『グローバリゼーション：文化帝国主義を超えて』青土社
ないかくふだんじょきょーどーさんかくきょく（内閣府男女共同参画局），2013『男女共同参画白書 平成25年版』内閣府
バウマン，ジークムント＝森田典正訳，2001『リキッド・モダニティ　液状化する社会』大月書店
はしもと・おさむ（橋本治），2007『日本の行く道』集英社
はしもと・たけひこ（橋本毅彦），2003「現代テクノロジーと加速される社会」『環 〈特集◎スピードとは何か〉』藤原書店
パリサー，イーライ＝井口耕二訳，2012『閉じこもるインターネット　グーグル・パーソナライズ・民主主義』早川書房
フェザーストン，M. ほか編＝近森高明訳，2010『自動車移動の社会学』法政大学出版局
ブリニョルフソン，E./マカーフィー，A.＝村井章子訳，2013『機械との競争』日経BP
フレイザー，J.A.＝森岡孝二監訳，2003『窒息するオフィス──仕事に強迫されるアメリカ人』岩波書店
ベスト，ジョエル＝林大訳，2009『なぜ賢い人も流行にはまるのか』白揚社
まき・ゆーすけ（真木悠介），2003『時間の比較社会学』岩波書店
まきの・じろー（牧野二郎），2010『Google問題の核心』岩波書店
ましこ・ひでのり，2002『日本人という自画像』三元社

ましこ・ひでのり，2007『増補新版　たたかいの社会学』三元社（初版2000）

ましこ・ひでのり，2010『知の政治経済学——あたらしい知識社会学のための序説』三元社

ましこ・ひでのり，2012a『社会学のまなざし』三元社

ましこ・ひでのり，2012b「日本語漢字とリテラシー」多言語社会研究会『ことばと社会』14号，三元社

ましこ・ひでのり，2013『愛と執着の社会学』三元社

ますじま・みどり（増島みどり），2001『ゴールキーパー論』講談社

マッケンジー，R.＝奥田俊介訳，1974『時間を管理する技術』産業能率短期大学出版部

みたて・よしたか（見舘好隆），2011「【職場の心理学［269］】「若者のスピード育成」　マクドナルドの徒弟制に学ぶ」『プレジデント』2011年7.18号

みと・ゆーこ（三戸祐子），2005『定刻発車——日本の鉄道はなぜ世界で最も正確なのか？』新潮社

みやざと・せんり（宮里千里），2003『沖縄　時間がゆったり流れる島』光文社

メイソン，ロジャー＝鈴木信雄ほか訳，2000『顕示的消費の経済学』名古屋大学出版会

メイロウィッツ，ジョシュア＝安川一＋上谷香陽＋高山啓子訳，2003『場所感の喪失・上——電子メディアが社会的行動に及ぼす影響』新曜社

もり・けん（森健），2005『インターネットは「僕ら」を幸せにしたか？——情報化がもたらした「リスクヘッジ社会」の行方』アスペクト

もりおか・まさひろ（森岡正博），2003『無痛文明論』トランスビュー

やなぎ・はるお（柳治男），2005『〈学級〉の歴史学　自明視された空間を疑う』講談社

よこた・ますお（横田増生），2010,『潜入ルポ　アマゾン・ドット・コム』朝日新聞出版

ライノス・パブリケーションズ，2007「儲かる現場　【教育】——15時間で未経験者を戦力化」『ロジスティクス・ビジネス』2007年4号
（http://www.logi-biz.com/pdf-read.php?id=1718）

ラミス，ダグラス，2003「時、金、そしてメトロノーム」『環　〈特集◎スピードとは何か〉』藤原書店

リッツァ，ジョージ＝正岡寛司監訳，1999『マクドナルド化する社会』早稲田大学出版部

リッツァ，ジョージ＝正岡寛司監訳，2008『マクドナルド化した社会：果てしなき合理化のゆくえ, 21 世紀新版』早稲田大学出版部

リッツァ，ジョージ＝山本徹夫・坂田恵美訳，2009『消費社会の魔術的体系』明石書店

リンダー，スタファン・B.＝江夏健一訳，1971『時間革命——25 時間への知的挑戦』関西生産性本部

ロリエ，エリック，2010「高速道路でオフィスワークする」，フェザーストン，M. ほか＝近森高明訳『自動車と移動の社会学』法政大学出版局

わかばやし・みきお（若林幹夫），1996「都市空間と社会形態―熱い空間と冷たい空間―」，井上俊ほか編『岩波講座現代社会学 6　時間と空間の社会学』岩波書店

わしず・つとむ（鷲巣力），2006『宅配便 130 年戦争』新潮社

LEVINE, Robert V.,1999, The Pace of Life in 31 Countries, Journal of Cross-Cultural Psychology March, vol.30 no.2 178-205
（http://jcc.sagepub.com/content/30/2/178.abstract）

MERTON, Robert. K., 1968, The Matthew Effect in Science, Science,159（3810）56-63.

OECD, 2006, "Speed Management - International Transport Forum"
（http://www.internationaltransportforum.org/Pub/pdf/06Speed.pdf）

索 引

(キーワードがないページでも内容であげてあります)

あ

あくまのじてん（悪魔の辞典） 128
アナクロニズム 138
あなぼりっくすてろいどざい（アナボリックステロイド剤） 163, 165
あらいのりこ（新井紀子） 51, 182
アリーナ（とーぎじょー）（闘技場） 34, 42, 63, 107
いご（囲碁） 51, 68, 79
いぞんしょー（依存症） 31, 60, 69, 121, 143, 147, 165-6, 178-9
いちかわまこと（一川誠） 36-7, 96, 105, 182
いちたいたさーびす（1対多サービス） 159
いらだち 100
ヴィリリオ、ポール 61, 182
ウィンドウシステム（Window System） 92-3
ヴェブレン、ソースティン 29, 33, 182
うちやまたかし（内山節） 98, 100-2, 164, 166, 182
うっくつからのかいほー（鬱屈からの解放） 111
うでぎつーしん（腕木通信） 16-7
ウルトラマン 118

えきじょーか（液状化） 40, 184
エスカレーター 23-4
エステ（ティックサロン） 33, 107
えむじかーぶ（M字カーブ） 78-9
エンデ、ミヒャエル 13, 28, 178
おきなわそば（沖縄ソバ） 137
おきなわびょー（沖縄病） 137
おきなわふりーく（沖縄フリーク） 137
おたうえまつり（御田植祭） 125
「おもたい」とゆーしんり（「おもたい」という心理） 115

か

カーレース 35-6, 111-120
かいかえじゅよー（かいかえ需要） 149
かいてーケーブル（海底ケーブル） 17, 20
かがくてきかんりほー（科学的管理法） 25, 58
かかくはかい（価格破壊） 58, 133, 143, 159
かきぞめ 127
かくせーざい（覚醒剤） 163, 165
がくとしゅつじん（学徒出陣） 154-5
かじ（家事） 26, 63-66, 73, 76-8, 92, 123-4, 183

かじょーせーさん（過剰生産）
  142, 145, 147, 151, 153, 160
カスパロフ、ガルリ 51
かせきねんりょう（化石燃料） 18, 124
『かぜたちぬ』（『風立ちぬ』） 172
かつまかずよ（勝間和代） 46, 60, 107, 122, 126, 182
からだがしほん（カラダが資本） 83, 91, 106-7
  「からだがしほん」いしき（「カラダが資本」意識） 83, 91, 106-7
かろーし（過労死） 11, 32, 55, 74, 76, 139
かろーじさつ（過労自殺） 76
かんこーさんぎょー（観光産業） 91, 107, 122, 138
かんじょーろうどー（感情労働） 63, 65, 76
きおくのしつ・りょーきょーそー（記憶の質・量競争） 92
きしだ・しゅー（岸田秀） 92, 182
ギデンズ、A. 45
『きどーせんしがんだむ』（『機動戦士ガンダム』） 35
キブツ（イスラエル） 77
きゅーちゅーさいし（宮中祭祀） 121, 127
きょーいくこーじょー（教育工場） 157
きょーせいにゅーいん（強制入院） 135
きんこけー（禁固刑） 121, 134-5
くーはくきょーふしょー（空白恐怖症） 91, 93
くつーかいひげんぞく（苦痛回避原則） 124
クライン、シュテファン 13, 22, 24-8, 123-4, 183
クラウドソーシング 52
ケア・ワーカー 65, 76
ケアワーク 77-8
けーざいてきゆとり（経済的ユトリ） 32, 60-1
けーさんじゃく（計算尺） 43, 172
ケータリング 59, 159
ゲーテ、ヴォルフガング 13-4, 21, 27, 93, 171
けーはくたんしょー（軽薄短小） 39-40, 44, 111, 119, 172-3
げのむかいせき（ゲノム解析） 51
けんじてきしょーひ（顕示的消費） 29, 185
げんじ（てき）しょーひ（衒示（的）消費） 29
げんそくしこー（減速志向） 121, 125-7
こいけりゅーのすけ（小池龍之介） 143, 183
こーそくどーろ（高速道路） 33-5, 176, 186
こーそくどーろもー（高速道路網） 20
こーほーしえん（後方支援） 67
ゴールキーパー 63, 67, 81, 185
こじてきしょーひ（誇示的消費） 29, 32, 60, 63-4, 126
こたいてきじくー（固体的時空） 40

こてんげーのー（古典芸能） 121, 126-7
こどくならんなー（孤独なランナー） 102-5
ごみおばさん（ゴミおばさん） 146-8
ごみやしき（ゴミ屋敷） 141, 146-7

さ

ざいたくわーく（在宅ワーク） 80
さいたんこーす（最短コース） 100, 103
さいぼーぐか（サイボーグ化） 165
さがわだんし（佐川男子） 35
さぎょーらいん（作業ライン） 58
『サザエさん』 138-9
ザッピング 83, 91-2, 95-6
さんしょくひるねつき（三食昼寝つき） 66
さんびゃくろくじゅーごにちにじゅーよじかん（365日24時間） 91-4, 163, 166
じぇいあーるふくちやませんだっせんじこ（JR福知山線脱線事故） 36, 105-6
じかんせかいのへーじゅんか（時間世界の平準化） 98, 100-1
じかんせつやくいぞんしょー（時間節約依存症） 124
じかんてきゆとり（時間的ユトリ） 11, 60-1, 65-6
じかんとくーかんのまっさつ（時間と空間の抹殺） 15
じかんどろぼー（時間泥棒） 11, 24, 28
じかんにしばられたれじゃーかいきゅー（時間に縛られたレジャー階級） 29, 32
じかんのどれー（時間の奴隷） 108
じこくひょー（時刻表） 99, 104-5
じこぺっとか（自己ペット化） 165
じしゅきゃんぷ（自主キャンプ） 107-8
しじょーほーわ（市場飽和） 142
しだし（仕出し） 59
しつぎょーしゃ（失業者） 32, 55, 78, 139
しっとのじだい（嫉妬の時代） 92, 182
じてんしゃびん（自転車便） 61
じどーしゃ（自動車） 15, 18-20, 33-5, 83-5, 88-9, 94, 112, 117, 182, 184, 186
　じどーしゃしじょーじゅぎ（自動車至上主義） 89
　「じどーしゃせんよーどー」か（「自動車専用道」化） 84, 89
しゃどー（車道） 86-9, 114
じゆーけー（自由刑） 135
じゅーこーちょーだい（重厚長大） 40-1
じゅーごのつま（銃後の妻） 63, 67
じゅーたい（渋滞） 20, 83, 89-90, 111, 114-7

索引　189

『じゆーをわれらに』(『自由を我等に』)(ルネ・クレール監督) 54, 104
しゅぎょー (修行) 121, 125-6, 128, 132-5
しゅふ (主婦) 30, 32, 34, 65-81, 93, 102, 154, 156
ショイルマン、エーリッヒ 93-4, 171, 184
しょーがいしゃ (障害者) 55, 63, 65, 77
しょーがいぶつきょーそー (障害物競争) 119
しょーかふりょー (消化不良) 142-3
しょーぎ (将棋) 51, 68, 79
じょーききかんしゃ (蒸気機関車) 15-8
じょーきせん (蒸気船) 14, 18
しょーしか (少子化) 65, 91
しょーじかんもうそーいぞんしょー (省時間妄想依存症) 96
じょーじゃく (情弱) 175
じょーほーじゃくしゃ (情報弱者) 174-5
しょーみきげん (賞味期限) 48, 143-6
じょせーのこーがくれきか (女性の高学歴化) 91
シングルマザー 76-7, 79, 81
じんこーばくはつ (人口爆発) 91
じんせーのいんふれ (人生のインフレ) 83, 91-2
じんせーのじゅーじつどきょーそー (人生の充実度競争) 83, 91-2

じんせーのみつど (人生の密度) 91-2
しんたいりずむ (身体リズム) 163, 166-7
すいどーてつがく (水道哲学) 58, 123
スーパーマン 118-9
すすめないかん (すすめない感) 117
すぴーどかん (スピード感) 111-5, 142
スポーツジム 107
すもーべや (相撲部屋) 128, 132
せーしんてきゆとり (精神的ユトリ) 60-1, 121
せーそー (清掃) 121, 125, 128, 130-5
せーべつやくわりぶんぎょー (性別役割分業) 65-7
せきにんてんか (責任転嫁) 100, 106
ぜんごからの「いたばさみ」(前後からの「いたばさみ」) 115-6
せんちゃくじゅん (先着順) 84-6
せんとーき (戦闘機) 34, 36
ぜんのーかん (全能感) 112-3, 175
そーかいかん (爽快感) 111
そーろぼーがい (走路妨害) 84-5, 112
そくどげーむ (速度ゲーム) 111
ゾンバルト、ヴェルナー 64, 183

た

たいき（待機） 63-7, 76, 80, 89, 114

たいけーいじ（体形維持） 39, 61

たいけーかくさ（体形格差） 61

だいしょーこーい（代償行為） 111, 113, 117, 119, 126

たいりょーはいき（大量廃棄） 30, 96, 141, 143, 147, 149, 153, 157-8

ダウンロード 40, 45, 115-6

たくはいどらいばー（宅配ドライバー） 35-6, 39, 59, 64

たくはいぴざ（宅配ピザ） 57, 59

たさんしょーし（多産死） 91

たぼーいぞんしょー（多忙依存症） 91, 93, 109, 171

たんさくくーかんでのしすーばくはつ（探索空間での指数爆発） 50

だんしゃり（断・捨・離） 141, 146, 148

だんどーしみゅれーしょん（弾道シミュレーション） 172

チェス 51

ちっそくするおふぃす（窒息するオフィス） 54, 184

ちてきしやきょーさく（知的視野狭窄） 48, 96, 175

『ちびまるこちゃん』（『ちびまる子ちゃん』） 138

ちょーえきけー（懲役刑） 134-5

ツイアビ 93-4, 96, 171, 184

ディープブルー 51

ディズニー・ワールド 139

ていらーしゅぎ（テイラー主義） 25

でおくれたかん（でおくれた感） 83, 102-6, 111, 113, 115, 117, 166-7

てつのほんりゅー（鉄の奔流） 19, 112, 176

テレポーテーション＝しゅんかんいどー（瞬間移動） 120, 170, 172

テレワーク 54, 63, 80, 104, 166, 183

でんかせーひん（電化製品） 76, 123-4, 138

でんしん（電信） 15-8, 21

でんせんびょー（伝染病） 26

でんたく（電卓） 43, 172

でんとーてきぎょーじ（伝統的行事） 126

でんとーてきこーぎょー（伝統的興行） 121, 126

とーかいどーしんかんせん（東海道新幹線） 170-1

とーじつはいそー（当日配送） 45

どーろこーつーほー（道路交通法） 58, 86-9

ときわかねなり（ときはカネなり／時は金なり） 13, 91, 94, 96, 99, 103, 134, 161

どこでもオフィス 54, 166

ドッグイヤー 43

とっこーたい（特攻隊） 151, 155

とみたひでのり（富田英典） 45, 184

トムリンソン、ジョン　45, 184
ドラえもん　54, 172

な

ながら　34-6, 83, 91-2, 95
ながらぶんか（ながら文化）　34
ニート　55
にーなめさい（新嘗祭）　127
にじゅーよじかんたたかえますか（24時間戦えますか）　93, 163, 166
『にせんいちねんうちゅーのたび』（『2001年宇宙の旅』）　14
にってんそーじ（日天掃除）　125, 128
ネット・バカ　46, 48, 96, 178, 182

は

puppy farm　153, 157
ぱーとさいよー（パート採用）　154
ぱーとろーどー（パート労働）　76, 151, 155
バール（イタリア）　57, 179, 183
バールマン／バリスタ（イタリア）　57
はいいろのおとこたち（灰色の男たち）　13, 22, 28, 100, 178
ばいくびん（バイク便）　61
はいたつぎょーむ（配達業務）　33
バウマン、ジグムント　40-1, 44, 53, 119-20, 133, 184
はかせごーしゅとく（博士号取得）　151, 155-6
はかせろんぶん（博士論文）　160
ばしゃてつどー（馬車鉄道）　16, 20
はせがわまちこ（長谷川町子）　139
ぱたーんにんしき（パターン認識）　52
はたふりつーしん（旗振り通信）　16-7
『パパラギ』　93, 171, 184
ハラスメント　78, 138, 183
ばれーきょーしつ（バレエ教室）　33
はんばーがーだいがく（ハンバーガー大学）　57
ひいんよーど（被引用度）　48
ビジネスマン　32-3, 63-4, 138
ひそしかん（被阻止感）　83, 90-1, 111
びまじょ（美魔女）　123
びよーしつ（美容室）　33, 66, 107, 159
ひんこん（貧困）　72, 75, 79-81, 128
フランクリン、ベンジャミン　99
ブリーディング　153
フルマラソン　121, 126
フレックスタイム　27
ほーし（奉仕）　128, 131-2
ボードリヤール、J.　29
ほいく（しゅーよー）さーびす（保育（収容）サービス）　158
ぼしかてー（母子家庭）　72
ボトルネック　114

ホロコースト　58, 152-3

ま

マートン、ロバート・K　48
マイペース　100
マウスイヤー　43
まくどなるどか（マクドナルド化）　39, 53, 56-8, 106, 133, 136-7, 151-4, 157-63, 167, 177, 185-6
ますぷろきょーいく（マスプロ教育）　160
またいこーか（マタイ効果, matthew effect）　48, 61
マックジョブ　59, 154, 156
まにあわないかん（じかんいしき）（まにあわない感（時間意識））　117
まほーのせかい（魔法の世界）　21, 120, 172
マルチタスキング　11, 25, 33-5, 59, 83, 91-2, 95-6
まんぷくかん（満腹感）　30, 141, 143
むーあのほーそく（ムーアの法則）　43, 61, 142, 172
むじんか（無人化）　53-4
むつーぶんめー（無痛文明）　124, 165, 185
モースコード（Morse Code）　17, 21
もーひつ（毛筆）　127
『モダンタイムス』（チャールズ・チャップリン監督）　54, 104
モニトリアルシステム（じょきょーほー，助教法）　58, 152, 159
『モモ』（エンデ）　13, 22, 28, 54, 93, 177-8
もりおかまさひろ（森岡正博）　124, 185
もんじゅのちえ（文殊の知恵）　175

や

やまぎしかい（ヤマギシ会）　77
ゆーせんじゅんい（優先順位）　13, 27, 84-7, 112
『ゆーづる』（『夕鶴』＝民話）　74
ゆそーのーりつ（輸送能率）　118-9
『ゆたかなしゃかい』（『ゆたかな社会』）　8, 182
ユックリズム　121, 125, 136-9
よーがきょーしつ（ヨーガ教室）　66, 107

ら

らっしゅじ（ラッシュ時）　23-4, 166
ラミス、D.　98-100, 134, 185
リゾート　107, 121, 136-7
リッツァ、ジョージ　45, 53, 56, 58, 152, 157, 161, 185-6
りにあちゅーおーしんかんせん（リニア中央新幹線）　170
りゅーたいてきじくー（流体的時空）　40
りょーりきょーしつ（料理教室）　33, 66

りらくぜーしょんぎょーかい（リラ
　　クゼーション業界）　136, 138
りらくぜーしょんさんぎょー（リ
　　ラクゼーション産業）　83, 91,
　　106-7, 122
るいわともおよぶ（類は友をよぶ）
　　49, 175
ルフェーブル、アンリ　33, 94
レ・クリエーション（re-creation）
　　107-8

わ

わりこみ　84-6, 89, 112-3

著者紹介

ましこ・ひでのり（msk@myad.jp）

1960年茨城県うまれ。東京大学大学院教育学研究科博士課程修了（博士：教育学）。日本学術振興会特別研究員などをへて、現在、中京大学国際教養学部教授（社会学）。主要著作：『日本人という自画像』、『ことばの政治社会学』、『増補新版 イデオロギーとしての「日本」』、『あたらしい自画像』、『増補新版 たたかいの社会学』、『幻想としての人種／民族／国民』、『知の政治経済学』、『社会学のまなざし』、『愛と執着の社会学』（以上、三元社）。
共著に「社会言語学」刊行会編『社会言語学』（1-13号＋別冊）、真田信治・庄司博史編『事典 日本の多言語社会』（岩波書店）、前田富祺・野村雅昭編『朝倉漢字講座5 漢字の未来』（朝倉書店）、『ことば／権力／差別』（三元社，編著）、大橋・赤坂・ましこ『地域をつくる―東海の歴史的社会的点描』（勁草書房）、田尻英三・大津由紀雄 編『言語政策を問う！』（ひつじ書房）、米勢・ハヤシザキ・松岡編『公開講座 多文化共生論』（ひつじ書房）ほか。

© 2013 MAŠIKO Hidenori
ISBN978-4-88303-359-1
http://www.sangensha.co.jp

加速化依存症
疾走／焦燥／不安の社会学

発行日……………2014年3月15日 初版第1刷

著　者……………ましこ・ひでのり

発行所……………株式会社 三元社
〒113-0033　東京都文京区本郷1-28-36 鳳明ビル
電話／03-3814-1867　FAX／03-3814-0979

印　刷＋製　本……………シナノ印刷 株式会社

ことば／権力／差別　言語権からみた情報弱者の解放
ましこ・ひでのり／編著　●2600円

現代標準日本語の支配的状況に疑問をもたない多数派日本人とその社会的基盤に知識社会学的検討を。

ことばの政治社会学
ましこ・ひでのり／著　●2600円

コトバの政治・権力・差別性を暴きだし、「透明で平等な媒体」をめざす実践的理論的運動を提起する。

愛と執着の社会学　ペット・家畜・えづけ、そして生徒・愛人・夫婦
ましこ・ひでのり／著　●1700円

ヒトはなぜ愛したがるのか。愛着と執着をキーワードに動物としてのヒトの根源的本質を解剖する。

知の政治経済学　あたらしい知識社会学のための序説
ましこ・ひでのり／著　●3600円

疑似科学を動員した知的支配の政治経済学的構造を、社会言語学・障害学・沖縄学をもとに論じる。

幻想としての人種／民族／国民　「日本人という自画像」の知的水脈
ましこ・ひでのり／著　●1600円

ヒトは血統・文化・国籍等で区分可能であるという虚構・幻想から解放されるための民族学入門。

あたらしい自画像　「知の護身術」としての社会学
ましこ・ひでのり／著　●1800円

現代という時空とはなにか？　自己とはなにか？　社会学という鏡をのぞきながら、自己像を描き直す。

日本人という自画像　イデオロギーとしての「日本」再考
ましこ・ひでのり／著　●2300円

アジア・国内少数派という鏡がうつしだす「日本」および多数派知識人の「整形された自画像」を活写する。

イデオロギーとしての日本　「国語」「日本史」の知識社会学
ましこ・ひでのり／著　●3400円

有史以来の連続性が自明視される「日本」という枠組みを、「いま」「ここ」という視点から解体する。

たたかいの社会学　悲喜劇としての競争社会
ましこ・ひでのり／著　●2500円

傷ついた自分をみつめなおすために！　「競争」のもつ悲喜劇にたえるための、心の予防ワクチン。

表示は本体価格

言語帝国主義　英語支配と英語教育
R・フィリプソン／著　平田雅博ほか／訳
●3800円

英語はいかにして世界を支配したのか。英語教育が果たしてきた役割とは？　論争の書、待望の邦訳。

ことばとセクシュアリティ
D・カメロン＋D・クーリック／著　中村桃子ほか／訳
●2600円

「欲望の社会記号論」により権力構造下での抑圧、矛盾、沈黙をも取入れ、セクシュアリティと言語に迫る。

多言語社会日本　その現状と課題
多言語化現象研究会／編
●2500円

「多言語化」をキーワードに、日本語、国語教育、母語教育、言語福祉、言語差別などをわかりやすく解説。

共生の内実　批判的社会言語学からの問いかけ
植田晃次＋山下仁／編著
●2500円

多文化「共生」の名のもとに何がおこなわれているのか。図式化され、消費される「共生」を救いだす試み。

「正しさ」への問い　批判的社会言語学の試み
野呂香代子＋山下仁／編著
●2800円

言語を取り巻く無批判に受容されている価値観、権威に保証された基準・規範を疑うことでみえるもの。

言語権の理論と実践
渋谷謙次郎＋小嶋勇／編著
●2600円

従来の言語権論の精緻な分析を通し、研究者と法曹実務者があらたな言語権論を展開する。

日本語学のまなざし　シリーズ「知のまなざし」
安田敏朗／著
●1600円

日本語への問い。なぜ、「ことば」への過度の期待が持ちこまれるのか。「日本言語学」のための一冊。

コミュニケーション論のまなざし　シリーズ「知のまなざし」
小山亘／著
●1700円

コミュニケーションは単なる情報伝達ではなく、歴史・文化・社会の中で起こる出来事であることを示す。

社会学のまなざし　シリーズ「知のまなざし」
ましこ・ひでのり／著
●1700円

「社会学のまなざし」の基本構造を紹介し、それがうつしだすあらたな社会像を具体的に示していく。

表示は本体価格

ポストコロニアル国家と言語　フランス公用語国セネガルの言語と社会
砂野幸稔／著
●4800円

旧宗主国言語を公用語とするなかで、言語的多様性と社会的共同性はいかにして可能かをさぐる。

アフリカのことばと社会　多言語状況を生きるということ
梶茂樹＋砂野幸稔／編著
●6300円

サハラ以南14カ国の、ことばと社会をめぐる諸問題を論じ、アフリカ地域研究のあらたな視点を提示。

欧州諸国の言語法　欧州統合と多言語主義
渋谷謙次郎／編
●7000円

多言語多文化社会である欧州各国の言語関連立法を法文と解説で俯瞰し、その展望をさぐる。

言語戦争と言語政策
L=J・カルヴェ／著　砂野幸稔ほか／訳
●3500円

言語を語ることの政治性と世界の多言語性がはらむ緊張をするどく描きだす社会言語学の「古典」。

言語学と植民地主義
L=J・カルヴェ／著　砂野幸稔／訳
●3200円

没政治的多言語主義者や危機言語擁護派の対極に立ち、言語問題への徹底して政治的な視点を提示する。

ことばへの権利　言語権とはなにか
言語権研究会／編
●2200円

マイノリティ言語の地位は？　消えてゆくのは「自然」なのか。あたらしい権利への視点を語る。

言語学の戦後　田中克彦が語る①
田中克彦／著
●1800円

異端の言語学者が縦横に自己形成の軌跡を語り、現代の言語学をめぐる知的状況を照射する。

漢字の未来【新版】
野村雅昭／著
●2900円

漢字にたよらない日本語によって、よりひらかれたことばをめざすにはどうすればよいのか。

「多言語社会」という幻想　近代日本語史再考Ⅳ
安田敏朗／著
●2400円

突然湧いてきたかのような「多言語社会」言説の問題を析出し、多言語性認識のあらたな方向を提起する。

表示は本体価格

同化の同床異夢 日本統治下台湾の国語教育史再考
陳培豊／著　●5000円

「同化」政策の柱とされた国語教育と台湾近代化の諸問題を問い直す、台湾現代史構築の新たな試み。

言語相互行為の理論のために 「当たり前」の分析
丸井一郎／著　●3000円

「異なる」と「同じ」を作り出すものとは？　私であることの自同性を言語相互行為から解明（解体）する。

言語意識と社会 ドイツの視点・日本の視点
山下仁＋渡辺学＋高田博行／編著　●3700円

言語を意識するとは？　意識はどのように言語化されるのか？　言語と意識と社会の関係性を問い直す。

近代言語イデオロギー論 記号の地政とメタ・コミュニケーションの社会史
小山亘／著　●5700円

「敬語」はなぜいかにして「国語学」の言説において社会文化的象徴としてイデオロギッシュに機能するか。

批判的談話分析入門 クリティカル・ディスコース・アナリシスの方法
R・ヴォダック＋M・マイヤー／編著　野呂香代子／監訳　●3000円

メディア等の談話の権力・イデオロギー性を析出し、差別や抑圧、不平等と実践的に闘うための入門書。

記号の思想 現代言語人類学の一軌跡
マイケル・シルヴァスティン／著　小山亘／編／ほか訳　●5500円

社会文化コミュニケーション論による「言語学」の超克、「認知科学」「人類学」の再構築、待望の論集。

記号の系譜 社会記号論系言語人類学の射程
小山亘／著　●4600円

ボアス以来の人類学、パースからヤコブソンへと展開してきた記号論を融合した言語人類学の入門の書。

批判的社会語用論入門 社会と文化の言語
ヤコブ・L・メイ／著　小山亘／訳　●5500円

現実社会から遊離した「言語」研究の軛から語用論とことばを解き放つ批判的社会語用論の全体像を示す。

多言語主義再考 多言語状況の比較研究
砂野幸稔／編　●8500円

「多言語主義」は、本当に普遍的な価値たりうるのか。世界各地域の多言語状況から問いかえす。

表示は本体価格